※ 安藤隆男 監修 ※

特別支援教育をつなぐ

Connect & Connect ①

特別支援教育要論

安藤隆男 編著

北大路書房

シリーズ刊行にあたって

　2022年7月，文部科学省は，特別支援学校教諭免許状コアカリキュラム（以下，コアカリキュラム）の策定等を関係機関に通知しました。それを受け，特別支援学校教諭免許状の教職課程を有する大学は，2024年4月にはコアカリキュラムに基づく新たな教職課程を開始することになりました。各大学は，自立活動や教育課程等に関する内容をミニマムエッセンシャルズとして関係科目群に明確かつ効果的に位置づけることが求められたといえます。

　本シリーズでは，コアカリキュラムの策定を機にその趣旨を具現するため，次の2つの視点から検討を重ねてまいりました。1つは，コアカリキュラムで示された到達目標等と取扱う内容との関連を図る視点，もう1つは，各欄で取扱う内容と欄間，科目間との関連をそれぞれ図る視点です。コアカリキュラムの策定に当たっては，教育職員免許法施行規則第7条に規定される各欄の単位数はそのままに新たな内容を付加されたことから，時間的な制約下における確かな学びを実現する工夫，すなわち，より効果的な学び方を模索する必要があるからです。加えて，基礎的な学びを学修者の主体的な学習へと誘うために，各部にリフレクションとコラムを配しました。

　このような視点や構成上の工夫から，本シリーズでは「特別支援教育をつなぐ　Connect & Connect」の標語を採用しました。欄間，科目間の関連を図ることによる効果的な学修が，読者の主体的な学びを促し，さらには養成段階での学びを採用・研修に架橋してほしいとの願いを込めたものです。

　顧みれば，2020年2月の日本特殊教育学会での特別支援学校教諭免許状
ワーキンググループ
　WG　の立ち上げを端緒として，本シリーズの刊行に至ったことに感慨を覚えます。今後，読者をはじめ関係の方々のご意見を賜り，モデルカリキュラムとなるべくブラッシュアップしてまいります。

2023年12月

　　　　　　　　　　　　　　　　　　　　監修者　　安藤隆男

はじめに

　2022年7月の特別支援学校教諭免許状コアカリキュラム（以下，本コアカリキュラム）は，先行する教職課程コアカリキュラムの目標の系統性や構成を踏まえつつ，2007年以降の特別支援教育制度への転換やインクルーシブ教育システムの構築などの独自の文脈，視点に基づいて検討されました。本コアカリキュラムでは，特別支援学校学習指導要領等を根拠に，学生が共通的に理解すべき基礎的な内容として，自立活動，特別支援学校（知的障害）の各教科等，重複障害者等に関する教育課程の取扱い等を教育職員免許法体系に位置づける，とされました。

　これらの内容は，教育職員免許法施行規則第7条の欄間および科目間の関連を踏まえて適切に取扱うこととなります。とくに，第一欄の特別支援教育の基礎理論に関する科目と第二欄，第三欄の教育課程および指導法に関する科目等との関連を図ることは欠かせません。このような理解から，第一欄の特別支援教育の基礎理論に対応する本巻は，シリーズ全体の「要」となることから，書名を『特別支援教育要論』としました。

　本巻は，第Ⅰ部「障害児教育の歴史・思想・制度」，第Ⅱ部「特別支援教育の理念・制度」，第Ⅲ部「インクルーシブ教育システム下における特別支援教育の推進」の3つで構成しています。特別支援学校等の教育に関する歴史・思想および制度，ならびに社会的・制度的または経営的事項を包括的に取り上げるとともに，特別支援教育の本質に関わる自立活動，個別の指導計画，教育課程の内容については，第Ⅱ部にそれぞれ章を独立させて取り上げています。

　加えて，本巻では各部にリフレクションとコラムを設けました。リフレクションは各部，各章での基礎的な事項の学びを，読者個人の関心に基づき，主体的な学習へと発展させることを目的としました。コラムは，特別支援学校の教師と教員養成大学で基礎理論の科目を担当するベテラン教員に執筆を依頼し，教

育現場や教員養成の経験が深い立場から改めて学びの意義について語ってもらいました。教師は生涯を通して，様々なまなざしに支えられて成長を遂げます。各コラムが教育現場等の先生方のまなざしに触れる機会となることを願っています。

　最後に，読者のみなさんには本巻をはじめ本シリーズの学修を通して，教職への一体感を醸成し，特別支援教育を担う教師としての確かな未来を展望できる力量を身につけられるよう期待しています。

2023 年 12 月

編者　安藤隆男

本書の使い方

● つなげる・つながることを意識する

本書は,「特別支援教育をつなぐ Connect & Connect」シリーズの第1巻です。本シリーズで大切にしているコンセプトは「つなぐ」こと。具体的には,次のような思いが込められています。

- カリキュラム上の学びをつなげていきたい
- 実践と学問をつなげていきたい
- 学校・社会・家庭,たくさんの先生・学生を特別支援教育につなげていきたい

読者のみなさんも,ぜひいろいろな知識・人・機会を「つなぐ」ことを意識して学んでみてください。そうすることで,きっと「より深い学び」へとつながることができると思います。

● コアカリキュラムを踏まえたカリキュラムマップを描く

本書の特徴は,特別支援学校教諭免許状コアカリキュラムで示された「到達目標等」と「取り扱う内容」との関連を重視した内容構成です。コアカリキュラムで示される内容は,教師をめざすみなさんに共通して知っておいてほしいことです。[*1]

本書第1巻は,「特別支援教育に関する科目」の第1欄で学ぶ内容で構成されています。各章の構成内容は,読者のみなさんに,より効果的な学びを提供できるように……！　と著者たちが頭をひねって厳選したものとなっています。限

---

*1　特別支援学校教諭免許状コアカリキュラム。

＊1

られた授業時間内で効果的な学びを実現するためには，第1欄，第2欄，第3欄といった欄間の関連を理解しながら学ぶことも大切です。とくに第1欄の内容は今後の学びの軸となりますので，コアカリキュラム全体も意識し，自分の頭の中にカリキュラムマップを描けるようにしてみましょう。

● **自ら主体的に学び，考えられるようになる**

　将来，みなさんが教師になったときに必要な力は，「自ら主体的に学び，考えられる力」です。この力を養うために，本書では各部ごとにReflection（リフレクション）を設けています。各章の学びをより確かなものとするためにも，Reflectionを活用し，自分で理解を深め，考え，時には同じ学び手である人たちと協働して課題に取り組んでみてください。

Reflection

WORK　レポートを書こう！

　第1部では，欧米および日本における戦前・戦後の障害児教育の〔 〕について，5つの障害領域を包括して学びました。第1部の内容〔 〕んが最も関心をもった事項に着目して，関連する書籍などを参考に〔 〕て1000字程度でまとめましょう。レポートの形式は，次のとおり〔 〕

> ①各部で学んだことを振り返りながら，各章の学びをつなげて深められるWORKが用意されています。

POINT

・障害領域の特徴としてどのようなことが見出せるでしょうか。
・各章で取り上げられた事項を年表にまとめると整理しやすくなるで〔 〕
・関連する視点として，障害児者に関わる医療や福祉の施策動向を知る〔 〕
　ことができます。

> ②WORKをするときに大切にしてほしい視点や，外してほしくない関連づけなどについてまとめてあります。

 Workの取扱い方（例）

　第1部の授業回が終わるまでに受講者に対してレポート作成を課します。〔 〕は最後に約40分の時間を設け，第1章から第5章まで発表者を選出し，そ〔 〕表します（約25分）。すべての発表終了後，ディスカッションを行います〔 〕

> ③実際の授業の中ではどのようにWORKを取り扱うことができるのかについて，時間設定・手順などを中心に具体例を紹介しています。

● 知識や学びにつながるための豊富なヒントを活用する

　本来であれば，みなさん自身が辞書を引くことや，必要な情報元を調べてアクセスすることが大切な場合もあるでしょう。しかし現実は，膨大な量の学びに対して限られた時間しかありません。効果的な学びを実現するために，著者たちが紙面に許す限りのヒントを盛り込んでくれています。知識をつなげるためのヒント，学びを深めるためのヒント，実践に活かすためのヒント……。これらは，レイアウトの工夫や脚注，QRコード，コラムなどのかたちで散りばめられています。それぞれのヒントをみなさん自身とつなげることで，学びはよりリアルなものへと変化するはずです。ぜひ積極的に活用してください。

本　文

心身障害児に対する教育は，その能力・特性等に応じて特別ガのもとに行われるものであるが，普通児とともに生活し教育を受よって人間形成，社会適応，学習活動など種々の面において教に高められることにかんがみ，心身障害児の個々の状態に応じてり普通児とともに教育を受ける機会を多くし，普通児の教育から遊離しないようにする必要がある。

①学習指導要領などの公的文書や文部科学省等からの通知等でとくに大切となるものについては，枠囲みのレイアウトでわかりやすく掲載しています。

＊1　中耳カタル：今でいう滲出性中耳炎のこと。
＊2　46答申：正式名称は「今後における学校教育の総合的な拡充整備のための基本的施策について」。詳細は，文部科学省「一　中央教育審議会四十六年答申」を参照のこと。(2023年3月28日閲覧)　＊2

②本文に出てくる用語の補足，追加資料への簡単アクセス（QRコード）など，学びを深めるための情報が脚注にまとめて盛り込まれています。

コラム

column
1
教員を目指す学生の皆さんへのメッセージ

教員養成段階において
「歴史・制度」を学ぶことの意義とは

大学教員
河合　康

障害児・者の歴史と
する文献が見られます

特別支援教育を支える先輩・特別支援教育に携わる（携わった）人たちが，様々な立場からみなさんへのメッセージや思いを綴ってくれています。将来，特別支援教育を一緒につくっていく人たちからの言葉として受け止めてみると，視野を広げたり，新しい学びへとつなげたりできるでしょう。

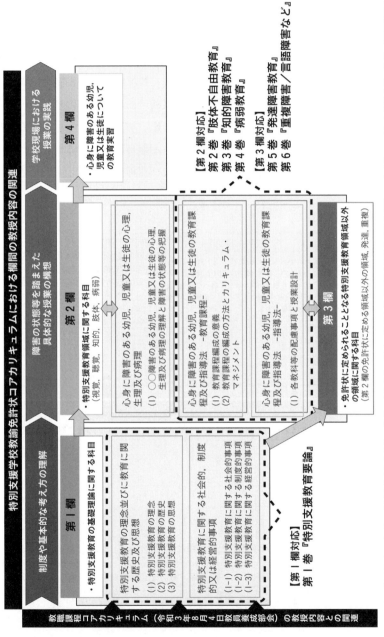

本シリーズと特別支援学校教諭免許状コアカリキュラムにおける各欄・科目の関連 概観図

出所：文部科学省（2022）特別支援教育を担う教師の養成の在り方等に関する検討会議「特別支援学校教諭免許状コアカリキュラムにおける各欄・科目の関連概観図」を一部改変。https://www.mext.go.jp/content/20220726-mxt_tokubetu01-000024192_3.pdf

特別支援学校教諭免許状コアカリキュラム対応表および到達目標等一覧

• 本書の各章とコアカリキュラムの到達目標との対応表

部	章	理念 1)	理念 2)	歴史 1)	歴史 2)	思想 1)	思想 2)	社会 1)	社会 2)	制度 1)	制度 2)	経営 1)	経営 2)	経営 3)
I	第 1 章					○								
	第 2 章			○		○								
	第 3 章			○		○	○							
	第 4 章				○									
	第 5 章				○									
II	第 6 章	○		○				○						
	第 7 章									○		○	○	
	第 8 章				○						○			
	第 9 章										○			○
	第 10 章		○		○			○	○		○			○
	第 11 章	○									○		○	
III	第 12 章	○												
	第 13 章	○												○

障害教育領域を
含む対応表　▼

• 第 1 欄　特別支援教育の基礎理論に関する科目の到達目標等一覧

特別支援教育の理念並びに教育に関する歴史及び思想

全体目標：特別支援教育の理念とは何か，また，障害のある幼児，児童又は生徒の学校教育に関する歴史や思想において，特別支援教育の基本的な考え方がどのように現れてきたかについて学ぶとともに，これまでの特別支援教育及び特別支援学校の営みがどのように捉えられ，変遷してきたのかを理解する。

(1) 特別支援教育の理念

一般目標：特別支援教育の理念と特別支援学校に関する制度との相互の関係を理解する。

到達目標：1）特別支援教育制度の成立と障害者の権利に関する条約に基づくインクルーシブ教育システムの理念を踏まえた特別支援教育への展開を理解している。
2）特別支援教育制度における特別支援学校が有する機能・役割を理解している。

(2) 特別支援教育の歴史

一般目標：障害のある幼児，児童又は生徒の教育に関する歴史，特殊教育の果たしてきた役割や障害者施策を巡る動向の変化を踏まえつつ，現代に至るまでの特別支援教育の基本的な考え方及び特別支援学校の変遷を理解する。

到達目標：1）障害のある幼児，児童又は生徒の教育に関する歴史，特殊教育の果たしてきた役割や障害者施策を巡る動向の変化を踏まえつつ，特別支援教育制度の成立と展開を理解している。
2）現代社会における特別支援学校における教育課題を歴史や障害者施策の視点から理解している。

(3) 特別支援教育の思想

一般目標：特別支援教育の思想と特別支援教育の理念や実際の特別支援学校の教育との関わりを理解する。

到達目標：1）障害のある幼児，児童又は生徒に関わる教育の思想を理解している。
2）特別支援学校や学習に関わる教育の思想を理解している。

特別支援教育に関する社会的，制度的又は経営的事項

全体目標：現代の特別支援学校の教育に関する社会的，制度的又は経営的事項のいずれかについて，基礎的な知識を身に付けるとともに，それらに関連する課題を理解する。

(1-1) 特別支援教育に関する社会的事項

一般目標：社会の状況を理解し，その変化が特別支援学校の教育にもたらす影響とそこから生じる課題，並びにそれに対応するための教育政策の動向を理解する。

到達目標：1）特別支援学校を巡る近年の様々な状況の変化及び子供の生活の変化を踏まえた指導上の課題を理解している。
2）近年の特別支援教育政策の動向を理解している。

(1-2) 特別支援教育に関する制度的事項

一般目標：特別支援学校の公教育制度を構成している教育関係法規を理解するとともに，そこに関連する特別支援学校教育要領・学習指導要領が有する役割・機能・意義を理解する。

到達目標：1）特別支援学校の目的及び教育目標と国が定めた教育課程の基準との相互関係を理解している。
2）特別支援学校教育要領・学習指導要領の性格及びそこに規定する自立活動や知的障害者である児童生徒に対する教育を行う特別支援学校の教科，重複障害者等に関する教育課程の取扱いの基礎的な考え方を理解している。

(1-3) 特別支援教育に関する経営的事項

一般目標：特別支援学校や教育行政機関の目的とその実現について，経営の観点から理解する。

到達目標：1）特別支援学校の目的や教育目標を実現するための学校経営の望むべき姿を理解している。
2）幼児，児童又は生徒の障害の状態や特性及び心身の発達の段階等を踏まえた学級経営の基本的な考え方を理解している。
3）教職員や学校外の関係者・関係機関との連携・協働の在り方や重要性を理解している。

目　次

第 II 部　特別支援教育の理念・制度

第 **1** 部

障害児教育の
歴史・思想・制度

障害児教育の歴史・思想・制度と聞くと，過去のことと捉えがちです。確かに，百年を超える過去にリアリティを感じにくいのも事実です。しかし，そこに「今日の特別支援教育の制度に脈々とつながる本質」があると見なすと，その捉え方は変わってくるのではないでしょうか。

第Ⅰ部では，障害児教育の歴史・思想・制度について，その系譜を次の2つの観点から概説します。

まず1つは，様々な背景をもって障害児の処遇やその教育に早くから着手，制度化し，わが国の障害児教育の成立に影響を及ぼした欧米の障害児教育という観点です。もう1つは，わが国における障害児教育の障害種別および時期区分という観点です。ここでは，1979年の養護学校教育の義務制と，その後の特別支援教育への転換に至るまでを範囲としています。

「今日の特別支援教育の制度に脈々とつながる本質」に迫りうる学びをどう具現できるかは私たちの課題ともいえますが，これらの観点から障害児教育の歴史・思想・制度を学ぶことによって，みなさんが今後の課題に取り組む際の確かな礎を築いてほしいと思います。

第
1
章

欧米における障害児教育の
歴史と思想

　本章では，障害児への教育が開始された18世紀頃から現在に至るまでの，欧
米における障害児教育の歴史・思想を概観します。まずは，特別な場を設けて
教育を開始した18世紀半ば以降，次に，公立学校での教育が中心となっていく
20世紀前半，最後に，障害児・者の権利を保障していく20世紀後半という3
つの時期に分けてみていきます。

第1節　近代における障害児教育の創始
——18世紀半ば以降

(1)　聾教育，盲教育の開始

①　聾教育の開始

　障害児への教育が開始されたのは，およそ18世紀半ばのヨーロッパでのこと
です。1760年に，フランス・パリにおいて，ド・レペ（de l'Epée, C. M.）によっ
て聴覚障害児を対象とした聾啞院*1が開設されたのが初例と言われています。そ
の他のヨーロッパ各国でも，例えば，1778年にドイツ・ライプツィヒにハイ
ニッケ（Heinicke, S.）による聾啞院，1792年にイギリス・ロンドンにブレイド
ウッド（Braidwood, T.）による聾啞院が開設されます。フランスのレペの聾啞院
では，貧富を問わず教育対象を広く設定し，キリスト教徒として言葉を習得す
ることを教育目的としており，手話による教育（手話法）が採用され，教育方法
は公開されていました。一方で，ドイツのハイニッケやイギリスのブレイドウッ
ドの場合は，教育対象を富裕層の子弟に限定し，口話による教育（口話法）を採
用しており，その方法は家族の秘術として非公開とされました。

　アメリカ合衆国（以下，アメリカ）においては，ヨーロッパにおける聾啞児へ

---

*1　聾啞：聾＝耳が聞こえないことに加えて，啞＝話すことができないということを組み合わせた言
　　葉。

の教育方法を学んだギャローデッド（Gallaudet, T. H.）によって，1817 年，コネチカット州からの財政支援を得て，同州ハートフォードに寄宿制の聾唖院が開設されます。その後，他州にも聾唖院が設立されました。ハートフォードのような寄宿制聾唖院では手話法が採用されていました。手話法は聴覚障害者の文化やコミュニティに関わるものであり，障害児の中でも，コミュニケーション方法として何を用いるのかが問題になったのは聴覚障害児でした（中村，2009）。

② 盲教育の開始

　聾唖児への教育に続き，盲児の教育もフランスで創始されました。1784 年，フランス・パリにて，政府通訳官のアユイ（Haüy, V.）により，貧困盲児の救済を目的とした盲院が創設されます。当時，貧窮者の救済事業を行っていた博愛協会が盲児の救済を呼びかけており，アユイが同協会に盲人の教育を引き受けたいと申し出たのです。彼は，盲人が社会において職業を得ることを教育目標とし，職業教育に加えて，古典語・外国語，数学，修辞学・一般文法，論理学等を教えました。その後，ヨーロッパ各国においても盲院が設立されます。これらの盲院が貧困層の救済から始まったことや，その名称が「院」であったことからも見て取れますが，その多くは教育が実施されていたものの，職業教育を中心とした慈善的事業でした。

　アメリカでも盲院は 1830 年代に，ヨーロッパと同様，貧困層を主たる対象として開設されます。しかし，1832 年にマサチューセッツ州ボストンに開設された盲院の初代校長であるハウ（Howe, S. G.）は，ヨーロッパの聾教育や盲教育を批判的に学び，教育を受ける権利を盲児に適用し，慈善事業であった盲院を年少盲児専門の学校教育事業へと転換させます。彼は，コミュニティから分離された場での教育は盲人を特別な存在にしてしまうと主張し，コミュニティとの関係・交流を重視しました。そのため，ハウの理想は，それぞれの家庭の近隣の公立学校で晴眼児[*2]と共に教育をすることでした。

＊2　晴眼児：視覚障害のない子どもたちのこと。

(2)　精神薄弱教育，肢体不自由教育の開始

①　精神薄弱教育の開始

　知的障害は昔，「白痴（idiot）」と呼ばれていました。障害の程度により最も重い「白痴」から，中程度の「痴愚（imbecile）」，最も軽度の「魯鈍（moron）」と分類されるようになります。多くの国では総称として精神薄弱（feeble-minded）[*3]が用いられました。当時，「白痴」と呼ばれていた精神薄弱児の教育に大きな影響を与えたのは，「近代精神薄弱児教育の確立者」（清水，1988）として位置づけられているフランス人医師のセガン（Séguin, E. O.）です。セガンは，1799 年に南フランスで発見されたアヴェロンの野生児への教育を試みたイタール（Itard, J. M. G.）に学び，1830 年代に生理学的教育法と称した教育方法を体系化し，「白痴」[*4]児の教育可能性に根拠をもたらします。彼の生理学的教育法は，各国の精神薄弱教育関係者のみならず，モンテッソーリ（Montessori, M.）やドクロリー[*5]（Docroly, O.）等を通じて，世界の幼児・教育関係者に大きな影響を与えました。[*6]

　1840 年代から 1850 年代にかけて，ヨーロッパやアメリカで「白痴」学校が設立されます。開校当初は，教育を日常生活の中心に据えており，教育プログラムはセガンが開発した生理学的教育法に基づいていました。ボストンの盲院の初代校長であったハウは，1848 年，マサチューセッツ州「白痴」教育実験学校を創設しました。ハウは，「白痴」学校についても，学校制度の一部であり，教育を目的とするものであると説きます。また，精神薄弱児は，心身の発達を維持するために，彼／彼女の育ったコミュニティで生活すべきであるとハウは主張しましたが，「白痴」学校の管理者の中には，家族や社会の負担軽減のために精神薄弱児を隔離する必要があると考える者もいました。1890 年代頃までに，

＊3　知的障害に関する名称は，精神薄弱から精神遅滞（mental retardation）や教育的遅滞（educationally sub-normal）等へと変わり，その後も変わっていく。時代や国により，名称は異なる。

＊4　生理学的教育法：触覚をもとに，「白痴」児の「諸感覚，意志，知性」を覚醒させようとする教育法。

＊5　モンテッソーリ（Montessori, M.）：イタリア初の女性医師。セガンの影響により障害児教育を実践し，その方法を幼児教育に応用した。

＊6　ドクロリー（Docroly, O.）：ベルギーの医師で教育改革者。障害児教育の実践経験をもとに，新教育運動の指導的人物の一人となった。

「白痴」学校の管理者たちは，「白痴」児に対して，教科の指導を行い，学校卒業後に社会活動に参加させることが困難であると認識するようになりました。

　その結果，20 世紀に入る頃には，「白痴」児への対応は，「改善」「教育」ではなく「保護」へと変化し，「白痴」学校は大規模化した精神薄弱施設へと変容します。精神薄弱施設は，地域から離れた郊外に建設され，長期もしくは終生の保護を目的とするようになります。施設では優生学に基づき，精神薄弱者への断種手術[*8]が実施されました。1920 年代頃からは，コミュニティ生活への転換もみられましたが，この状況は 1950 年代～ 1960 年代に至るまで大きく変化することはありませんでした。

② 　肢体不自由教育の開始

　肢体不自由児の教育が開始されるのは，精神薄弱児と同じ 1830 年代です。1832 年，ドイツ・ミュンヘンに，フォン・クルツ（Von Kurtz, J. N. E.）により，貧困層の肢体不自由児を対象とした私立の施設が創設されます。そこでは，就学を免除された貧困層の肢体不自由児に職業教育を行い，経済的自立をめざす一方で，就職困難な者に対する就労の場の提供も行っていました。イギリスでも，1851 年に女児専用の，1865 年に男児専用の肢体不自由児学校がそれぞれ開設されました。入学生の多くは貧困層であり，教育内容は職業教育が中心でした。

　肢体不自由児の教育は，今日と同様，医療との関わりが強い分野でした。デンマークの牧師であるクヌーセン（Knudsen, H.）による肢体不自由児保護事業では，1872 年の肢体不自由児の外来クリニック開設に続き，1875 年には 18 歳以下を対象とする肢体不自由児学校が開設され，1880 年にはその対象が全年齢に拡大されていきました。1898 年には寄宿制の肢体不自由児学校が開設され，こうして，医療，教育，職業訓練の機能を総合させた施設「クリュッペルハイム」が完成します。クヌーセンによる事業は，1884 年の国際会議等を通じて各

＊7　優生学：人類を遺伝的によりよくするために，最も優れた先天的な資質を維持し増加させる「科学」として 1883 年にゴールトン（Galton, F.）により提唱された。
＊8　断種手術：精管や卵管の切除により生殖力を失わせる手術。

国へ伝えられ，スウェーデン，ノルウェー，フィンランド，ドイツに，デンマーク型を範にした施設が設立されました。

　ドイツでは，1886 年に，ベルリン近郊ポツダムの牧師であるホッペ（Hoppe, T.）によりクリュッペルハイムが設立されます。聖職者による救済においては，治療は行われていたものの，身体そのものの治療よりも内面的な救済が重視されていました。一方，20 世紀に入る頃，新たな救済の担い手として登場した整形外科医は，医師主導による治療を主とした救済策に取り組み，何年にもわたる整形外科治療の間に，学校教育も提供しました。当時の整形外科医学は，1895 年の X 線の発明により，治療や診断技術を飛躍的に向上させ，外科医学から分離した独自の専門領域として確立途上にありました（中野，2014）。

　アメリカでは，19 世紀後半に，アメリカ最初の整形外科病院をニューヨークに創設したナイト（Knight, J.）が，整形外科病院に入院する肢体不自由児に対して医療の限界を認識し，教育固有の役割を発見したため，知的・身体的教育を実施しました。その後，20 世紀転換期には，退院した子どもや地域の肢体不自由児の教育の場としての公立学校内に肢体不自由特殊学級が設置されていきます。

第 2 節　公立学校での障害児教育の開始と展開
——20 世紀前半

(1)　公立学校における特殊学級の整備

①　特殊学級の多様な展開

　19 世紀半ば以降，欧米では，義務教育制度が整備されます。また，児童労働の制限など，子どもたちの就学を促進する法制度が整えられていきます。それにともない，それまで就学していなかった子どもたちが公立学校に就学するようになりました。また，これまでであれば学業や行動上の問題で退学していた子どもたちも，簡単に退学させることはできなくなり，公立学校に長くとどまるようになります。多数の，かつ多様な子どもたちが公立学校に長期間在学することになった結果，特別な対応を必要とする子どもたちの存在が可視化され，

彼ら／彼女らへの対応として，大都市の公立学校を中心に特殊学級が開設されます。

　ドイツでは，1860 年代から，学業不振の子どもを集め，一定期間の指導の後，原学級に復帰させる補習学級が設置されましたが，1880 年代以降には，原学級への復帰を意図せず，卒業まで在籍する特別な学級が設置されていきます。イギリスでも 1860 年代に，学業不振の子どもを集めた「ゼロ学級」と呼ばれる特別な学級が創設されました。フランス最初の特殊学級は 1907 年につくられましたが，同学級の対象児を選抜する方法として心理学者のビネー（Binet, A.）により知能検査が考案されます。

　アメリカにおいても，1890 年代以降，学業不振や怠学，非行などの子どもを対象とした特殊学級が開設されていきます。開設当初は学業・行動・健康面で様々な状態の子どもを受け入れていましたが，次第に，精神薄弱児を標準的な学級対象としていきます。知能検査は，公立学校関係者に科学的な手段を提供したと考えられていましたが，実際には，精神薄弱による学業の遅れを，精神薄弱以外の要因による学業の遅れと正確に区別することは困難でした。

　精神薄弱以外に，弱視や難聴，言語障害，肢体不自由，病弱などの障害児のための特殊学級も開設されます。アメリカにおける通学制の聾学校は，1869 年にボストンの公立学校内に設置され，その後，都市部の学校においては，従来の寄宿制ではなく，通学制の学校（聾学級）が開設されていきます。通学制の学校の多くは，それまで優位であった手話法ではなく，口話法を採用します。口話法は，聴覚障害児の言語獲得，親子が分離されることのない家庭生活という点で教育行政関係者や保護者に支持されたのです（中村，2009）。この頃には，聴覚障害者であっても話すことができると認識されるようになり，その結果，聾唖から聾へと名称が変化していきました。盲教育についても，公立学校において通学制の学校が設置され，教育方法ではブライユ（Braille, L.）の考案した 6 点式点字が活用されるようになりました。

　それまで障害児は，地域から離れた特別な施設や学校に通うしかありませんでしたが，特殊学級が開設されて以降，公立学校も障害児に対する教育環境の 1 つの選択肢となりました。特殊学級は，通常の学級から分離された環境にあ

りましたが，特殊学級における分離の意味と程度は，障害種によって異なっていました（岡，2009）。例えば，視覚障害児については，障害のない同年代の仲間との関係が重視されたので，通常の学級の学習活動への参加が求められていましたが，肢体不自由児については，カリキュラムの独自性を理由として，通常の学級からの分離形態が支持されます。

　公立学校内に特殊学級が開設された動機は両義的なものでした。すなわち，障害児への個別的な指導の提供という理由の一方で，通常の学級から障害児を分離することで学校システムの効率性を向上させるという理由もあったということです。

②　知能検査の本来の意図とその変質

　それでは，特殊学級の対象児，とくに精神薄弱学級の対象児はどのように選別されたのでしょうか。標準化された知能検査が開発されたのは1907年のフランスであったことは先述しましたが，知能検査が普及する以前には，対象児の選別は医学的な基準に基づいて行われ，さらには主観的でさえもあったようです（Osgood, 2008）。フランスでは，学業不振児のための特殊学級を創設しようとして，1904年に委員会が設置され，その委員にビネーが任命されました。ビネーが知能検査を開発した目的を知ることは，今日の知能検査の使用を考える上でとくに重要です。ビネーがめざしたのは，あくまでも現在の子どもの状態を把握することであり，一人ひとりの子どもの状態に合わせた特別な教育を提供することでした。そのために彼は知能検査を考案したのです。ビネーによる知能検査は世界各国で翻訳・改訂されましたが，各国に広まる中で知能検査は，子どもを機械的に分類する道具として利用されてしまいます。結果として，ビネーの意図は変質し，破棄されました。「冷酷な悲観主義」に基づく知能検査による選別は，優生学的発想と結びつき，精神薄弱施設の大規模化と断種手術へと結びついてしまいます（ラヴィッチ，2008）。このことは1960年代における，特殊学級におけるマイノリティの過剰措置に対する批判へとつながっていきます。

(2)　障害カテゴリー別の教育の展開

①　カリキュラムの発展

　20世紀前半になると，欧米では，障害を識別し，障害カテゴリー別に区別化された環境が整備され，その教育内容や指導法が開発されていきました。アメリカ・マサチューセッツ州ボストンでは，1910年代頃から，特殊学級教員によって，精神薄弱学級のカリキュラムに関する指導書が発行されます。1920年代以降も，精神薄弱教育のカリキュラムに関する著作が刊行されるようになります。大恐慌期の1930年代においても，多くの州が特殊教育へ財政援助を行っており，障害児に対する公立学校のカリキュラムや指導法について発展がみられました。1935年にはイングラム (Ingram, C. P.) による『*Education of the Slow-Learning Child*』，1936年には連邦内務省教育局による『*A Guide to Curriculum Adjustment for Mentally Retarded Children*』等が公刊され，とりわけ後者は，公立学校における精神薄弱教育の標準的カリキュラムを提案する画期的なものでした（中村，2021）。

②　障害のカテゴリー化と障害カテゴリー別教育の確立

　1930年にアメリカのフーバー (Hoover, H. C.) 大統領によって設置された「児童の健康と保護に関する白亜館会議」では，障害児の教育を受ける権利が主張されました。同会議の中の「障害児」に関する委員会では，肢体不自由，盲・弱視，聾・難聴，言語欠陥，病弱，精神薄弱，行動問題，英才，教員養成，組織・管理の10の小委員会にさらに分類されており，その成果は1931年に『特殊教育，障害児と英才児 (*Special Education, the Handicapped and the Gifted*)』と題されて刊行されます。

　アメリカにおいて特殊学級は，その評判が複雑なものではありましたが，基本的には価値あるものと認識され，全国的に急速に拡大していきます。障害児への個別の指導，学校運営上の効率性，社会的統制等が複雑に織り込まれた結果，特殊学級は障害児の主要な教育環境であり続けます。

　イギリスでは，1944年教育法[*9]によって，障害児教育に関する規定が，通常教

育に関する規定の一部として初めて位置づけられます。同法では，盲，弱視，聾，難聴，てんかん，教育的遅滞，不適応，肢体不自由，言語障害，病虚弱，糖尿の 11 の障害カテゴリーが設けられ，それに応じた教育措置を行うことが定められ，また「特別な教育的取り扱い」という概念が導入されます。障害児の教育の場は特殊学校や特殊学級に限定されず，通常教育の場での教育も認められ，義務教育年齢（5〜16 歳）の障害児への教育の提供を地方教育当局に課す一方で，学校教育から除外する規定も定められていました。除外された障害児の保護と訓練は，地方教育当局ではなく，地方保健当局の責任とされました（河合，2009）。

　このように 20 世紀の前半には，障害カテゴリー別の教育が確立され，それは 1960 年代頃まで基本的な教育形態として続いていきます。

▎第 3 節　障害児教育における分離と統合
──20 世紀後半

（1）　障害者権利擁護運動

①　分離教育批判

　アメリカでは，公立学校における障害児教育が拡大する一方で，1960 年代になっても，教育を受けることができていない障害児が多数存在することが指摘されていました。障害児の教育に関する法整備に大きな影響を与えたのが，PARC 訴訟（Pennsylvania Association for Retarded Citizens [PARC] v. Commonwealth of Pennsylvania）やミルズ訴訟（Mills v. Board of Education of District of Columbia）といった 1970 年代の教育裁判でした。障害児の教育権を保障することになるこれらの教育裁判は，1954 年のブラウン判決（Brown v. Board of Education）という合衆国最高裁判決から大きな影響を受けたものでした。

　ブラウン判決において，人種により分離された施設は本質的に不平等であり違憲であるとされ，同判決は，人種的に統合された学校をもたらします。それ

＊9　1944 年教育法：戦後のイギリスにおける教育制度の基本的枠組みを規定したもの。通称，バトラー法として知られている。

は，公民権運動の成果であるとともに，学校や社会における障害者の権利を拡大する一連の裁判へとつながるものでした。

1971 年に提訴された PARC 訴訟が，障害児の教育の権利を争ったアメリカ初の裁判です。裁判以前には，ペンシルベニア州の学校関係者は州法に基づき障害児の公教育を拒否していました。この訴訟は，知的障害と分類されたために，公教育から排除されていた 13 人の子どもの両親によってなされた集団訴訟でした。最終的な合意決定では，6 ～ 21 歳までの知的障害者が無償の公教育あるいは訓練を受ける権利を有していることが認められます。

さらに，1971 年に提訴され 1972 年に判決が出たミルズ訴訟は，ワシントン D. C. の公立学校への入学を拒否された 7 人の重度障害児のために起こされたものでした。判決では，障害の種類や程度にかかわらず，障害児が公教育を受ける機会を奪われてはならないことが認められました。両訴訟とも，子どもがその障害を理由に公教育から排除されてはならないという原則を打ち立てるとともに，人種による分離と同様の論理で，障害による分離という問題をアメリカの教育者たちにとっての主要な論点へと高める契機となったと言われています（中村，2021）。

障害児の分離の問題については，1968 年に，当時のアメリカで著名な精神遅滞に関する研究者であったダン（Dunn, L. M.）が発表した「軽度精神遅滞児の特殊教育：その多くは正当なのか」と題する論文が大きな影響を与えました。ダンは，当時の精神遅滞学級に在籍する子どもの多くが，実際には精神遅滞ではなくエスニック・マイノリティや貧困等であることを明らかにし，特殊学級が隔離の場となっていることを批判しました（Dunn, 1968）。彼は，精神遅滞と認定された子どもたちに隔離された特殊教育が必要であるという考え方に異議を唱えており，同論文は教育関係者の間に大きな論争を引き起こすことになります。

② 　隔離施設への批判から脱施設化，ノーマライゼーションへ

続いて，アメリカの障害者入所施設についてみてみます。第二次世界大戦後においても入所施設は拡大を続けていました。1970 年に存在していた精神遅滞

者を収容する公立の施設の75%は，1950年以降に建設されたものだったのです（Osgood, 2008）。施設は過密状態にあり，入所待機リストは長く続いていましたが，こうした中，精神遅滞者施設の劣悪な実態が，写真や映像を通じて世間に伝わり，社会に衝撃を与えることになります。

　1966年に出版された，ブラット（Blatt, B.）とカプラン（Kaplan, F.）による『煉獄のクリスマス（*Christmas in Purgatory*）』と題された写真集は，精神遅滞者施設での非人間的な環境を多数の写真で伝えるものでした。また，1971年には，シカゴ・サンタイムズ紙が，施設の非人間的な生活を暴露する写真を掲載し，ピュリッツァー賞を受賞するなど，精神遅滞者の施設収容という長年の方法と精神遅滞者施設の存在意義に疑問が生じた結果，脱施設へと政策が転換していくことになります（トレント，1997）。

　北欧では，1960年代頃から，ノーマライゼーション（Normalization）が提唱されます。ノーマライゼーションは，デンマークのバンク−ミケルセン（Bank-Mikkelsen, N. E.）により提唱され，スウェーデンのニィリエ（Nirje, B.）によりその原理が体系化されます[10]。アメリカにノーマライゼーションを導入したのはヴォルフェンスベルガー（Wolfensberger, W.）です[11]。

　なかでもバンク−ミケルセンは，第二次世界大戦中，ナチスへの抵抗運動により強制収容所に収監されましたが生き延びることができ，終戦後，障害者福祉の仕事に従事することになります。彼は国内の障害者施設を訪問していく中で，施設における障害者の非人間的な処遇実態に直面します。当時の障害者施設は自身が収監されていたナチスの強制収容所と同じであるとさえ言いました。こうして彼はノーマライゼーションを提唱します。その基本理念は，精神遅滞者をノーマルにするのではなく，精神遅滞者の生活をノーマルにすること，すなわち，障害のない人と同様に生活できるよう環境を整備していくことでした。

　ノーマライゼーションは精神遅滞者の施設収容への批判から生じたものでし

＊10　ニィリエ（Nirje, B.）：スウェーデン知的障害児童・青少年・成人連盟の事務局長兼オンブズマンを務め，社会福祉理念の基礎となるノーマライゼーションの原理を8つに分けて発表した。
＊11　ヴォルフェンスベルガー（Wolfensberger, W.）：ノーマライゼーションの考え方をアメリカで広めるとともに，それを発展させ，社会的価値のある役割を達成すること（Social Role Valorization）の重要性を提唱した。

たが，障害の種類や程度を超えて，障害者の福祉や教育の基本的原理となっていきます。

(2)　障害児教育の国際的展開

①　アメリカの障害児教育

　アメリカでは，1960 年代から 1970 年代にかけて，公立・私立を問わず，障害児教育を受ける子どもの数，障害児教育に関わる教師や学校の数，障害児教育関連予算が増加しました。それでも，1970 年代初頭になっても，21 歳以下の障害児（者）で適切な教育を受けることができていたのはおよそ半数でした（ペルカ，2015）。1970 年代の障害児教育に関する教育裁判の判決を根拠として，障害児が公立学校に入学するようになりましたが，単に入学しているだけで，一人ひとりのニーズに適した教育を受けることができないこともありました。障害児の教育を受ける権利を保障し，障害を理由に就学を拒否されたり，不適切な教育を受けたりすることをなくすことをめざして制定されたのが，1975 年の全障害児教育法（Education for All Handicapped Children Act）です。

　全障害児教育法は，3 〜 18 歳のすべての障害児に対して，下記のことを求めるものでした。

- 無償で適切な公教育（Free Appropriate Public Education: FAPE）を保障すること。
- 個別教育計画（Individualized Educational Program: IEP）を作成すること。
- 最も制約の少ない環境（Least Restrictive Environment: LRE）が提供されること。

　LRE の原則のもと，障害児の教育の場は可能な限り通常の学級となり，障害児の統合教育が促進されました。1990 年に同法は，個別障害者教育法（Individuals with Disabilities Education Act）と改称され，学校卒業後への移行サービスの義務づけがなされます。また同法では，障害児の特殊教育および関連サービスのニーズを満たすために，代替の教育の場の連続体（Continuum of Alternative Placement: CAP）を確保することが規定され，その連続体は，通常の学級，特別

な学級と特別な学校，家庭指導，病院や施設での指導を含んでいるものとされました。その上で，個別障害者教育法は，障害児が，通常の学級において通常の教育課程にアクセスすることを保障するよう求めており，通常の学級で障害のない子どもと共に学習を行わない場合にはIEPにその理由を記さなければなりません（インクルーシブ教育システム推進センター（国際担当）・客員研究員・国別調査班，2018）。

②　イギリスの障害児教育

　イギリスでは，1944年教育法のもと，就学免除となっていた子どもたちに対する教育の機会の提供という機運が高まり，就学免除を撤廃することを定めた1970年教育法が制定され，障害児の全員就学が実現しました。同法により，従来，地方保健当局の管轄とされた障害の重い子どもについては，地方教育当局の管轄に移されます。さらに，1970年代にはイギリスにおいても，障害児の統合教育に関する議論が進められ，1976年教育法の第10条では，できるだけ障害児は通常学校で教育されるべきとする原則が示されました。最終的に同法第10条は法的効力を発することはありませんでしたが，1981年教育法により，統合教育の原則が明確にされました。統合教育は，以下の条件が満たされたとき，通常学校で教育を受けることを保障することは地方教育当局の義務とされます。その条件とは，子どもの親の意見が尊重された中で，通常学校でその子どもを教育することが，（a）その子どもが必要とする特別な教育的対応を受けられること，（b）その子どもと一緒に教育を受ける子どもに効果的な教育が提供されること，および（c）財源が有効に活用されること，と両立することでした。

③　分離教育から統合教育，そしてインクルーシブ教育へ

　以上のように，欧米諸国では，時を同じくして分離教育から統合教育へと転換していきます。その背景には，これまでにみてきた人種による分離教育を否定したブラウン判決や，非人間的な隔離施設への批判から生まれたノーマライゼーション理念などがあり，障害児の分離問題は，障害以外のマイノリティ運動や教育の近接領域と密接に関わってきたといえます。

　しかし，この時期の欧米諸国における統合教育は順調には進みませんでした。とくに，統合教育には，通常教育の改革が不可欠であったにもかかわらず，通常教育と特殊教育という二元的な教育システムが維持されたままであったため，結果として，障害児を通常教育環境に合わせることとなり，個々のニーズに適した支援が提供されないままに通常の学級にとどまる事態がしばしば生じました。とはいえ，統合教育の理念と方法論は，インクルーシブ教育へとつながっていくという点で重要な意味を持つものでした。

　1970 年代は，国連による障害者の人権を保障する重要な取り組みがありました。国連総会は 1971 年に「精神遅滞者の権利に関する宣言」を，1975 年に「障害者の権利に関する宣言」を決議します。「障害者の権利に関する宣言」では，障害者が，その障害の原因，特質および程度にかかわらず，同年齢の市民と同等の基本的権利を有することが示されます。その後も，1993 年の国連「障害者の機会均等化に関する標準規則」で，統合された環境での機会均等の原則が示され，1994 年のスペイン政府とユネスコ共同開催の「特別なニーズ教育に関する世界会議：アクセスと質」におけるサラマンカ宣言の採択，2006 年の障害者の権利に関する条約（Convention on the Rights of Persons with Disabilities）の成立へと至り，現在のインクルーシブ教育へと議論が進められることになります。

【文　献】

Dunn, L. M.（1968）. Special education for the mildly retarded: Is much of it justifiable? *Exceptional Children*, *35*（1）, 5-22.
インクルーシブ教育システム推進センター（国際担当）・客員研究員・国別調査班（2018）. 諸外国における障害のある子どもの教育：通常教育及び障害のある子どもの教育課程を中心に　国立特別支援教育総合研究所ジャーナル，*7*，105-113.
河合　康（2009）. イギリスの特殊教育制度の改革　安藤隆男・中村満紀男（編）　特別支援教育を創造するための教育学　明石書店　pp. 72-78.
中村満紀男（2009）. 口話法はなぜ手話法に代わることができたのか　安藤隆男・中村満紀男（編）　特別支援教育を創造するための教育学　明石書店　pp. 403-407.
中村満紀男（2021）. 障害児教育のアメリカ史と日米関係史　明石書店
中野智世（2014）. 社会事業と肢体不自由児：近代ドイツにおける「クリュッペル」保護事業　山下麻衣（編）　歴史のなかの障害者　法政大学出版局　pp. 217-263.
岡　典子（2009）. 特殊教育制度の成果と限界　安藤隆男・中村満紀男（編）　特別支援教育を創造するための教育学　明石書店　pp. 49-56.

Osgood, R. L.（2008）. *The history of special education: A struggle for equality in American public schools.* Praeger.

ペルカ，F.（著）中村満紀男・二文字理明・岡田英己子（監訳）（2015）. 障害者権利擁護運動事典　明石書店

ラヴィッチ，D.（著）末藤美津子・宮本健市郎・佐藤隆之（訳）（2008）. 学校改革抗争の100年：20世紀アメリカ教育史　東信堂

清水　寛（1988）. セガン　精神薄弱問題史研究会（編）　人物でつづる障害者教育史 世界編　日本文化科学社　pp. 66-67.

トレント，J. W. Jr.（著）清水貞夫・茂木俊彦・中村満紀男（監訳）（1997）.「精神薄弱」の誕生と変貌：アメリカにおける精神遅滞の歴史 上・下　学苑社

わが国における戦前の 盲・聾教育の成立と展開

　明治時代に視覚障害児と聴覚障害児を対象としたわが国最初の学校である京都盲唖院が誕生し，その後，各地に盲・聾唖学校が設立され，盲・聾教育の基盤が築かれていきます。本章では，盲・聾教育の成立から盲・聾教育の分離までの変遷を概観していきます。

第1節　盲・聾教育の成立前
——江戸時代末期〜1870年代前半

(1)　視覚障害者・聴覚障害者の生活状況

　江戸時代の視覚障害者と聴覚障害者は，自立して生活することが難しい状況にあったと考えられています。視覚障害者の一部には当道座や瞽女，盲僧など*1 *2 *3の組織に所属し，伝統的な徒弟制度で伝授された按摩や琵琶などを生業としていた者がいましたが，聴覚障害者は他の人と会話をすることが難しく乞食となった者も多くいました。1712年に寺島良安によって発行された「和漢三才図会」に聴覚障害者の様子が描かれています（図2-1）。当時，聴覚障害者は「瘖瘂」と呼ばれており，この絵にはお椀を持って乞食をしている聴覚障害者が描かれています。当時は障害者への処遇が厳しく，視覚障害者や聴覚障害者，肢体不自由者などの障害者のことを「廃人」と呼ぶこともありました。

＊1　当道座：鍼灸や按摩，平曲などを生業とする男性の盲人が所属した自治組織。江戸時代には幕府の公認を受けて全国的な組織となった。
＊2　瞽女：各地を旅しながら音曲を披露した女性の盲人の呼称。
＊3　盲僧：琵琶を持った僧形の盲人のことであり，琵琶を演奏しながら「地神経」と呼ばれる経典を唱えることを生業とした。盲僧は天台宗寺院の支配下にあり，生業の問題で当道座と対立することもあった。

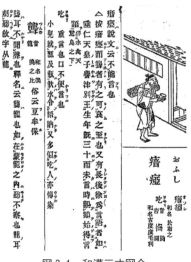

図 2-1　和漢三才図会

出所：寺島（1712）。

(2)　盲・聾教育の萌芽

　視覚障害児と聴覚障害児を教育するための盲・聾啞学校が設立されるのは1870年代後半になりますが，江戸時代には庶民教育機関であった寺子屋で教育を受けた障害児がいました。乙武洋匡による江戸時代末期の寺子屋への障害児の通学状況を調べた調査では，全国にある寺子屋3,090校の内，266校（8.6%）で障害児が通学していたとされています（乙武，1929）。このことから当時の視覚障害児や聴覚障害児，肢体不自由児などの障害児が寺子屋に在籍していたと考えられます。視覚障害児や聴覚障害児に対して具体的にどのような教育が取り組まれていたかは不明ですが，読み書きの指導をしていた例もあったようです。

　江戸時代末期に入ると，遣欧使節の見聞や来日した外国人によって欧米の特殊教育に関する情報が伝わるようになります。見聞録の代表的なものとして，1866年に福沢諭吉が発表した「西洋事情」があります。福沢諭吉は，遣欧使節としてアメリカやヨーロッパを視察し，その見聞録の中で「盲院」「啞院」「痴児院」について紹介しています。「西洋事情」の他にも様々な見聞録で欧米の障

害児教育に関する内容が紹介され，わが国の障害児教育を進めていく上で参考にされていきます。また，見聞録の他にも日本に来航した船に積載されていた地理書や医書といった洋書の中に欧米の障害児教育の制度や教育方法について記載されたものもありました。当時，欧米では国家事業または社会事業として視覚障害児・聴覚障害児に対して教育が行われていましたが，わが国では視覚障害児・聴覚障害児は教育の対象として捉えられていませんでした。しかし，見聞録や洋書を通して障害児教育に関する情報が知られるようになったことで，一部の篤志家や宗教家などによってその必要性が認識されるようになります。

このような状況の中で，1871年に当時の工学頭であった山尾庸三から「盲唖学校ヲ創立セラレンコトヲ乞フノ書」が太政官に提出されました。山尾は，造船技術を学ぶためにイギリスに渡航した経験があり，滞在時の障害児教育に関する見聞から盲・聾教育に関心を持つようになりました。そして，当時は視覚障害児と聴覚障害児に対する教育は十分ではありませんでしたが，それぞれが自立できるように教育で救済していくことを考えるようになりました。この建議によってすぐに盲唖学校が開設されるには至りませんでしたが，一部の人の関心を呼び，1880年に楽善会訓盲院（東京）が開設される動きにつながっていくことになります。

また，明治新政府によって富国強兵政策が進められる中で，1872年にわが国最初の近代的な学校制度である「学制」が出されました。「学制」は国民皆学をめざすものでしたが，その中に障害児教育に関する記述が出てきます。第21章に「小学校ハ教育ノ初級ニシテ人民一般必ス学ハスンハアルヘカラサルモノトス之ヲ区分スレハ左ノ数種工別ツヘシ然トモ均ク之ヲ小学ト称ス即チ尋常小学女児小学村落小学貧人小学小学私塾幼稚小学其外廃人学校アルヘシ」と定められており，「廃人学校」が視覚障害児や聴覚障害児，その他の障害児が通う学校のことをさしていたと考えられます。しかし，「学制」に出てくる各種学校にはその定義が示されていましたが，「廃人学校」には定義が記されていませんでした。当時の時代背景として，国全体で富国強兵をめざす上で国民の教育に重要な役割が期待された一方で，視覚障害児・聴覚障害児を含めた障害児は富国強兵とは直接つながりにくく，「学制」では障害児への教育に期待を述べるに過ぎ

ませんでした。

▌第 2 節　盲・聾教育の成立
──1870 年代後半〜1920 年代前半

(1)　盲・聾唖学校の設立

　1870 年代後半以降，京都に京都盲唖院，東京に楽善会訓盲院が設立されたことで，わが国でも盲・聾教育が開始され，この 2 院を中心に盲・聾教育が発展していきます。ここでは京都盲唖院・楽善会訓盲院の設立の経緯について紹介し，その後の盲・聾唖学校設立の動きについてみていきます。

①　京都盲唖院

　京都盲唖院の初代院長である古河太四郎は，元々は京都にあった待賢小学校の教師でした。古河には，未許可の帯刀と新池の開発に関係して許可書を偽造した 2 つの罪状により 2 年間刑に服した時期があり，このときに牢獄の窓から 2 名の聴覚障害児が他の子どもにいじめられているのを見た経験より，聴覚障害児が他の人から軽蔑されないようにするための教材教具について考えるようになったと言われています。そして，放免された古河は「盲唖モ亦人ナリ」として 1875 年頃から待賢小学校瘖唖教場で聴覚障害児 3 名の教育に取り組んでいくことになります。当初，古河は 3 名の聴覚障害児に対して，独自に作成した教材を用いて普通科の他に，発音や姿勢法，書取などの教育を行い，当時困難と考えられていた聴覚障害児の教育可能性を示していきます。古河によって指導された聴覚障害児はその後進級を果たし，その教育成果が当時の新聞にも取り上げられるようになりました。1877 年には当時の天皇が古河の授業を天覧されたという記録も残っています。古河の教育実践の評判が少しずつ市民に広まっていき，視覚障害児や聴覚障害児の親から教育相談の依頼が入り，古河は聴覚障害児だけでなく視覚障害児の教育にも取り組むようになります。

　1877 年には，遠山憲美から京都府知事宛に「盲唖訓学設立ヲ促ス建議意見書」が提出されます。さらに，1878 年には同じく京都府知事宛に瘖唖教場の拡

張に関する「盲啞生募集御願」が提出され，同年に公立の学校として京都盲啞院が設立されました。設立当初は約 50 名の視覚障害児と聴覚障害児が教育を受けました。その後，京都盲啞院は 1879 年に京都府立盲啞院に，1889 年には京都市立盲啞院へと変遷をたどっていきます。

② 楽善会訓盲院

　楽善会訓盲院の設立の動きとしては本章第 1 節で言及した山尾庸三による 1871 年の「盲啞学校ヲ創立セラレンコトヲ乞フノ書」に端を発します。また，当時の江戸には視覚障害者が多く，外国人にとって日本は視覚障害者が多い国という印象があったようです。外科医として来日していたヘンリー・フォールズ（Faulds, H.）は，そのような状況をみて視覚障害児に対する教育の必要性を考えるようになりました。フォールズは，聖書を日本語訳し，凸字の聖書で視覚障害児に教育することを提案しました。この提案に賛同し，活動を始めたのが中村正直，津田仙，古川正雄，岸田吟香らで，彼らによって 1875 年に楽善会が組織されます。さらに，政府の有力メンバーであった山尾庸三，杉浦譲，前島密らを会員に迎え，1876 年に役所に訓盲所設立願を提出し，東京都から設立の許可を得ることができました。そして，1880 年に楽善会訓盲院が設立されました。設立当初は視覚障害児 2 名に対して教育が行われました。その後，聴覚障害児への教育も開始され，1884 年に楽善会訓盲啞院と名称が変わりました。しかし，徐々に経営が困難になり，1886 年に文部省に移管され，1888 年に東京盲啞学校になりました。

(2) 盲・聾啞学校の進展

　京都盲啞院，楽善会訓盲院が設立されたことで，わが国の盲・聾教育が成立します。この時期には大阪模範盲啞学校（1879 年設立），私立金沢盲啞院（1880 年設立）など京都・東京以外でも盲・聾啞学校設立の動きがありました。しかし，明治 10 年代（1877 ～ 1886 年）は盲・聾教育への関心が薄く府県からの財政的な支援が得られなかったり，入学を希望する視覚障害児・聴覚障害児が少なかったりしたため，設立計画がとん挫またはすぐに廃校になることが多かったよう

です。古河太四郎の手記（1885年）によると，兵庫，愛媛，和歌山，滋賀，岡山，鹿児島，函館などで盲唖院設立の計画があり，各地からの要請に応じて教材教具や教育方法が書かれた手順書を送りましたが，その多くが実現しなかったようです。

1890年には，第二次小学校令が出され，盲・聾唖学校の設立および廃止の規定が設けられました。この法令によって，盲・聾唖学校の設立および廃止には府県知事の許可が必要になり，制度上盲・聾唖学校が学校の一部として認められることになります。しかし，盲・聾唖学校の増加にはつながらず，明治20年代（1887～1896年）に新たに設置された盲・聾唖学校は9校にとどまりました。

1900年の第三次小学校令では，基本的に第二次小学校令の規定が引き継がれましたが，新たに小学校に盲・聾唖学校を附設することが認められました。しかし，実際には小学校に盲・聾唖学校が附設される例は限られていました。また，「就学猶予・免除」対象児の明確化によって視覚障害児・聴覚障害児に対する教育は公教育体制から置き去りになりました。

一方，明治30年代（1897～1906年）頃から盲・聾唖学校の設立が増加していきます。この背景として，盲・聾教育が徐々に社会的に認められていったことや，日露戦争によって失明者が増えたことが社会問題になっていたことなどがあげられます。盲・聾唖学校数の推移は，1901年が15校，1907年が40校，1914年が69校，1922年が81校であり，明治30年代以降に増加していることがわかります。また，盲・聾唖学校の増加にともない，教員需要も増し，1903年には東京盲唖学校に教員練習科が設置されています。

(3)　初期の盲・聾教育における工夫

初期の盲・聾教育の教育方針や内容・方法は，京都盲唖院によるものと楽善会訓盲院によるものの大きく2つに分かれます。京都盲唖院では古河太四郎による現在の「自立活動」に重点を置いた指導が行われ，楽善会訓盲院では普通小学校の教科指導に重点を置いた指導が行われました。初期こそ異なる方法論で視覚障害児・聴覚障害児に対して指導が行われますが，両院の方法論はその後の盲・聾教育の基盤となっていきます。また，京都盲唖院の初代院長となっ

た古河太四郎は，独創的な教育方法を考案し，教材教具についても視覚障害児と聴覚障害児の実態に合わせたものを開発しています。ここでは京都盲唖院で行われた教育実践を中心に紹介します。

　初期の盲教育における特色の1つに文字の読み書きの指導があげられます。当時は日本訓盲点字がまだ完成していない時期でしたが，視覚障害児にも読み書きの指導が工夫して行われました。古河は，読みの指導において視覚障害児が触ってわかるように凸出文字やこより文字^{*4}，松脂文字^{*5}，蝋盤文字^{*6}などを考案しています。書きの指導においては，掌書法^{*7}，背書法^{*8}，鉄筆法^{*9}を用いて視覚障害児が文字を認知できるように工夫しています。

　また，歩行指導にあたる「直行練習場」^{*10}「方向感覚渦線場」^{*11}「打毬聴音場」^{*12}なども工夫され，盲児の歩行能力を高めるための指導が行われました。現在の歩行指導は自立活動の時間を中心に指導されていますが，当時は体育の時間で指導されていたことも初期の盲教育における特色の1つといえます。

　聾教育においては「五十音手勢図」「発音起源図」などがあり，聴覚障害児の特性に配慮した言語指導が行われています。その指導法については「手勢法」と「示諭手勢法」の2つがあり，「手勢法」は手話表現のことを意味し，「示諭手勢法」は抽象語の手話表現を意味します。その他に指文字や発音についても指導されており，古河は手話や指文字だけでなく口話を交えて聴覚障害児に対して教育を行いました。

　また，楽善会訓盲院（後の東京盲唖学校）においても，視覚障害児に対して普

＊4　こより文字：紙をねじって紐のようにしたこよりでつくった文字。
＊5　松脂文字：松脂で字形を浮き出させた文字。
＊6　蝋盤文字：溶解した蝋が固まる前に，凹字をへらで彫ってつくった文字。
＊7　掌書法：掌に文字を書いて指導する方法。
＊8　背書法：背中に文字を書いて指導する方法。
＊9　鉄筆法：厚紙の上に紙をのせ，鉄筆のようなもので筆記する方法。文字が浮き出るため，触って文字を確かめることができた。
＊10　直行練習場：まっすぐに歩行する感覚を養うために設定された歩行路のこと。歩行路には，竹ざおを一定間隔で立てた支柱に固定し，その支柱に鈴が結びつけられていた。歩行路の中心をまっすぐに歩行しなければ，竹ざおにふれて鈴が鳴るという仕組みになっていた。
＊11　方向感覚渦線場：太陽光線の射光などによって，方角を判断する力を養うために設定された渦巻状の歩行路のこと。
＊12　打毬聴音場：金属や土器，木材などの素材の標的が配置された屋台のこと。標的に向かってボールを投げることで材質による音の違いを感覚的に捉えられるようになっていた。

通文字を凸字にして指導が行われていました。東京盲唖学校の校長だった小西
信八は，凸字の場合は一文字一文字の触読に時間を要し，非能率的であること
から，視覚障害児の特性に適した文字の考案が必要だと考えるようになりまし
た。小西は，東京の教育博物館館長の手嶋精一からルイ・ブライユが開発した
6 点点字の情報を伝え聞き，視覚障害児に対して点字を用いた指導を試みます。
しかし，ブライユが開発した点字はアルファベットに対応したものであったこ
とから，小西は日本語の五十音に対応した日本訓盲点字の必要性があると考え，
東京盲唖学校の教師であった石川倉次などにその翻案を呼びかけました。そし
て，1890 年に石川によって日本訓盲点字が考案され，点字による教育が行われ
るようになりました。その後，日本訓盲点字は全国の盲唖学校に広まっていき，
凸字による指導から点字を用いた読み書きの指導が行われるようになりました。
1901 年には石川の考案した点字が官報に「日本訓盲点字」として掲載されまし
た。

▌第 3 節　盲・聾教育の分離
——1920 年代前半〜 1940 年代前半

(1)　盲学校・聾唖学校の発展

　盲・聾教育の分離の動きについては，1906 年に大阪盲唖院院長の古河太四郎，
東京盲唖学校校長の小西信八，京都市立盲唖学校校長の鳥居嘉三郎によって文
部大臣宛に盲・聾教育について建議されたことに始まります。この建議では，①
学校編成，②学科，③校舎と教具・設備，④教員資格，⑤盲人保護法案と学齢
盲唖児数調査・指導行政専門官の配置，義務制への準備の 5 つの柱を中心とし
た提案が行われました。この建議の特徴としては，盲学校と聾唖学校を分離す
ること，各府県に盲学校と聾唖学校を各 1 校設置すること，官立の盲学校と聾
唖学校を設置することなどがあげられます。

　1923 年には「盲学校及聾唖学校令」と「公立私立盲学校及聾唖学校規程」が
定められます。「盲学校及聾唖学校令」には，視覚障害児と聴覚障害児に普通教
育と生活に必要な技能・知識を授ける職業教育を行うこと，初等部と中等部を

原則設けること，道府県に盲学校と聾唖学校の設置義務があることなどが明記されました。とくに，道府県の設置義務が盲学校と聾唖学校で分離して規定されたことで，それ以降，盲学校と聾唖学校が分離していくことになります。

　また，「盲学校及聾唖学校令」によって盲学校と聾唖学校が小学校や中学校と法的に同じ位置づけになり，明治以降の慈善活動を中心とした学校の体制から公的な学校としての基礎が築かれることになりました。この時期には，私立学校の道府県への移管が進められ，1924 年から 1946 年までに私立学校の 37 校が道府県に移管され，5 校が市立学校に移管されました。しかし，視覚障害児・聴覚障害児の教育の義務制については規定が設けられておらず，義務制の実施については戦後まで待つことになりました。

　1920 年代に全国的に盲学校と聾唖学校の分離が始まるのと同時期に聾唖学校では口話法が徐々に普及していきます。1919 年には，西川吉之助が口話研究所を開設し，娘はま子に口話法で教育を行うようになります。1920 年には口話法による指導を主とする日本聾話学校が設立され，同年には名古屋市立盲唖学校でも橋村徳一が口話法の実践を行うようになります。また，西川，橋村に川本宇之介を加えた 3 名は「口話式聾教育」を発刊し，口話法の普及を行いました。このような動きもあり，1924 年頃から新設される聾唖学校は口話法を採用することが多く，全国的に口話法に統一されていきます。

　昭和期は日中戦争や太平洋戦争の影響で盲・聾教育にとって厳しい時代であり，就学義務に関する運動も停滞しました。この時期は，小学校に弱視学級や難聴学級が開設されています。1933 年には南山尋常小学校にわが国最初の弱視学級（視力保存学級）が開設されました。また，1934 年には礫川尋常小学校にわが国最初の難聴学級が開設され，1935 年には明化尋常小学校にも難聴学級が開設されました。

(2)　盲学校・聾唖学校における職業教育

①　盲学校の職業教育

　明治初期の職業教育として，京都盲唖院と楽善会訓盲院では鍼按[*13]と音曲[*14]に加えて，こより細工や紙細工の技術を指導するための科が設置されていましたが，

こより細工や紙細工は視覚障害者の経済的な自立につながりにくいため早い段階で廃止になりました。盲教育においては伝統的に鍼按と音曲を中心に職業教育が展開されていくことになります。

　大正期に入るとそれまでの鍼按と音曲以外に新たな職業教育について議論されるようになりました。1919年に開催された第1回全国盲啞学校長会議においては，盲学校で指導可能な職業科目として，農業，商業，ブラシ職，畳職，籠細工，靴工，手芸，速記術，点字印刷工，ピアノ調律などが選定されています（平田・久松，2003）。しかし，具体的な職業教育には至りませんでした。

②　聾啞学校の職業教育

　京都盲啞院では1880年に工学科（職業科）が開始され，手工業（銅器彫鏤・彫刻，和木・唐木細工，刺繍など）の職業教育が行われました。それ以降，聴覚障害者に対して手工業を中心に職業教育が行われるようになります。明治末期になると聴覚障害者に適した職業について議論されるようになり，先述した第1回全国盲啞学校長会議（1919年）において，聴覚障害者に適した職業として，男子では裁縫，家具，彫刻，図画，表具，園芸，牧畜，編物，染織，洗濯，点物（傘提灯），女子では裁縫，刺繍，染織，編物，造花，洗濯，園芸があげられました（平田・橋本，2007）。その後も職業教育について議論が行われ，1937年に開催された日本聾啞教育会第13回総会では職業科の種目として，工芸科，裁縫科，手芸科，農業科，図画科，洗濯科，印刷科，調髪科，染織科の9科が選定されました（平田・橋本，2007）。これによって，聴覚障害者に適した職種が確立されていくことになります。

【文　献】

平田勝政・橋本亜沙美（2007）．戦前日本の聴覚障害児教育における職業教育と進路保障に関する歴史的考察：明治末〜昭和戦前期の各種聾啞教育大会等の議論の検討を通して　長崎大学教育学部紀要

＊13　鍼按（しんあん）：按摩，鍼，灸のこと。
＊14　音曲（おんぎょく）：琵琶，三味線などを演奏する芸能のこと。

　　　―教育科学―，*71*，1-11.

平田勝政・久松寅幸 (2003)．戦前日本の盲学校教育における職業教育と進路保障に関する歴史的考察：
　　　明治末～昭和戦前期の各種盲教育大会等の議論の検討を通して　長崎大学教育学部紀要―教育科
　　　学―，*65*，29-44.

乙武岩造 (1929)．日本庶民教育史 中・下　目黒書店

寺島良安 (1712)．和漢三才図会（国立国会図書館デジタルコレクションより）

わが国における戦前の精神薄弱・肢体不自由・病弱教育の萌芽と展開

　　学制（1872 年）の制定以降，子どもが学校で学ぶ仕組みが整備されていきますが，一方で就学義務の猶予又は免除に関する規定も制定されていきます。本章では近代以降から戦前までの精神薄弱（知的障害）児，肢体不自由児，虚弱児を対象にした教育がどのように行われたのか，制度と教育に携わった人物を取り上げながら戦前期の歴史について概要を説明します。[*1]

第1節　就学義務の猶予・免除規定と施設を中心とした精神薄弱児教育の萌芽

（1）　学校教育に関する法律の制定と就学義務の猶予・免除規定

　近代以降から戦前（1945 年）までに，教育に関わる法令として学制（1872 年），教育令（1879 年），小学校令（1886 年），国民学校令（1941 年）が順に公布されます。まず，学制では小学校の種類が列挙されている第 21 章「小学」に小学校の1 つとして身体に障害がある子どもを対象にした小学校の「廃人学校」が明記されます。しかしながら実際のところ，廃人学校は 1876 年に熊谷實彌が創設し，1 年で閉校になった盲人学校ぐらいだったと言われています。そして次の教育令では草案にあった盲学校，聾啞学校，改善学校[*2]は明記されず，障害のある子どもを対象にした学校は明記されませんでした。

　続く小学校令では小学校に就学させることが保護者の義務となり，就学義務の猶予・免除の規定[*3]が明記されます。小学校令は 1890 年に第二次改正，1900年に第三次改正がなされ，就学義務の猶予・免除の規定もそのつど改正されま

＊1　本章は，中村満紀男（編著）（2018）『日本障害児教育史戦前編』（明石書店）を参考に執筆している。

＊2　改善学校：日本教育令草案の 27 章に明記されていた不良な児童を対象とした学校のこと。

＊3　就学義務の猶予・免除：猶予は就学する期日を遅らせること。免除は就学の義務を免除すること。

す。まず，第一次小学校令（1886年）の第5条では，「疾病家計困窮其他已むを
得さる事故」で小学校に就学できない場合，府県知事が猶予の期間を定めて就
学の猶予を認めることが規定されます。そして第二次小学校令の第21条では
「貧窮の為又は児童の疾病の為其他已むを得さる事故」を理由に保護者が就学の
猶予または免除を市町村長に申し出，市町村長は「学齢児童」または保護者を
「検査」し，市町村長が就学の猶予または免除を監督官庁から許可を受けること
になります。さらに第三次小学校令の第33条では「瘋癲白痴又は不具廃疾」を
理由に市町村長が監督官庁の許可を受けて保護者の義務を免除し，「病弱又は発
育不完全」を理由に市町村長が監督官庁の許可を受けて就学を猶予し，「学齢児
童保護者貧窮」の場合には猶予または免除になることが規定されました。この
ように小学校令は三度の改正を経るとともに，障害のある子どもの就学猶予・
免除が明記されるようになりました。

　一方，障害のある子どもを対象にした学校は，盲唖学校が第二次小学校令の
第40条，第41条，第三次小学校令の第5条，第17条に明記されますが，精神
薄弱（知的障害を意味する歴史的用語，第1章も参照），肢体不自由，病弱等を直接
対象にした学校は小学校令には明記されませんでした。精神薄弱児，肢体不自
由児，病弱児を対象にした小学校を創る場合には，「小学校に類する各種学校」
が適用され，実際1940年には大阪市に，小学校に類する各種学校として精神薄
弱児のための思斉学校が創られます。なお，盲唖学校については1923年に盲学
校及聾唖学校令が公布されています（詳細は第2章に記述）。

　そして小学校令に代わって国民学校令が公布されると，尋常小学校が国民学
校という名称に変わります。国民学校令の第9条では「瘋癲白痴又は不具廃疾」
は市町村長が地方長官の認可を受けて保護者の義務を免除すること，「病弱又は
発育不完全其他已むを得ざる事由」は市町村長が就学を猶予することになり，第
三次小学校令の就学義務の免除・猶予の規定が継承されます。その他，国民学
校令施行規則第53条には「国民学校に於ては身体虚弱，精神薄弱其の他心身に
異常ある児童にして特別養護の必要ありと認むるものの為に特に学級又は学校
を編成することを得」が明記されます。この第53条の学級と学校の編成は第1
〜5条からなる「国民学校令施行規則第53条の規定に依る学級又は学校の編制

に関する規程」に詳細が明記され，その第1条で学級と学校がそれぞれ養護学級，養護学校の名称で規定されます。さらに同規定の第3条で「成るべく身体虚弱，精神薄弱，弱視，難聴，吃音，肢体不自由等の別に学級又は学校を編成すべし」と規定され，養護学級と養護学校の対象に精神薄弱，肢体不自由，身体虚弱が明記されたことになります。なお，先にあげた思斉学校は1942年に大阪市立思斉国民学校に変わります。

(2)　白痴教育への着手と滝乃川学園の創設

先に述べたように学制，教育令，小学校令では，精神薄弱児を対象にした学校は規定されませんでした。そのような中で精神薄弱児を収容し，教育を提供する入所施設として，精神薄弱児施設が創設されます。最初に創られた精神薄弱児施設は滝乃川学園で，学園長は石井亮一（1867-1937）でした。石井は立教女学校の教師として女子教育に携わっていましたが，1891年に起きた濃尾地震で被災孤児の保護に携わり，女医の荻野吟子（1851-1913）と共に被災孤女を保護する「孤女学院」をその年に創ります。石井はこの孤女学院の中に知的発達に遅れがある女児がいること，そしてその女児の障害に応じた教育の必要性に気づき，白痴教育に着手することを決心します。白痴とは重度の知的障害を意味する歴史的用語で，まだ日本では誰も，白痴教育を含めた知的障害のある児童の教育には着手しておらず，石井は1896年4月からおよそ8か月間アメリカで白痴教育を学び，帰国後の1897年に「滝乃川学園」に学園の名称を変え，日本で最初の精神薄弱児施設を始めます。

滝乃川学園が創設された後，小学校の教師や非行少年の教育に携わっていた人物が精神薄弱児施設を創設します。それは順に1909年の白川学園（脇田良吉），1916年の桃花塾（岩﨑佐一），1919年の藤倉学園（川田貞治郎），1923年の旧筑波学園（筑峯学園，岡野豊四郎），1928年の八幡学園（久保寺保久），1930年の小金井治療教育所（児玉昌），1931年の旧広島教育治療学園（六方学園，田中正雄），1933年の浅草寺カルナ学園（林蘇東，主事）等です（表3-1）。このほとんどが現在まで存続しており，児童福祉法の福祉型障害児入所施設あるいは障害者総合支援法の障害者施設になっています。

表 3-1　滝乃川学園創設後に創設された精神薄弱児施設

設立年	施設名	設立した人物等（生没年）
1909	白川学園	脇田良吉（1875-1948）
1916	桃花塾	岩崎佐一（1876-1962）
1919	藤倉学園	川田貞治郎（1879-1959）
1923	旧筑波学園（筑峯学園）	岡野豊四郎（1892-1964）
1928	八幡学園	久保寺保久（1891-1942）
1930	小金井治療教育所	児玉昌（1943-1951）
1931	旧広島教育治療学園（六方学園）	田中正雄（1881-1969）
1933	浅草寺カルナ学園	林蘇東（1896-1956）

(3)　精神薄弱児施設における教育と保護の実践

　精神薄弱児施設は自宅から通うのではなく，施設で暮らす入所施設でした。そのため着替え，排泄，食事といった基本的な生活習慣の指導と，入所児の精神薄弱の程度に応じた教育が提供されました。教育の方法は，少人数の一斉授業や個別指導が採用され，学園長それぞれが工夫あるいは開発した方法での読み，書き，計算などが教授されました。例えば，藤倉学園では学園長の川田貞治郎が，「教育的治療学」と称して精神薄弱児の発達段階に応じた教授方法や教具を作成しています。また，入所している精神薄弱児の中には成人を迎えたあと，施設の農場で農業を行う者もいました。

　戦前までにあった精神薄弱児施設の数は全国10件ほどで，その数は決して多いとはいえませんでした。その背景の１つに，精神薄弱児施設は学園長の私財，寄付金，入所費用等による全くの民間施設だったことがあります。もちろん，入所費用を支払うことが難しい精神薄弱児が入所する際には，救護法という当時あった社会事業の制度を活用しましたが，基本的に入所費用はその保護者が用意する，あるいは寄附に頼る必要がありました。そのような中で精神薄弱児施設は，施設相互の連携と精神薄弱児施設についての情報を発信するため，精神薄弱児施設が加盟する日本精神薄弱児愛護協会（現在の日本知的障害者福祉協会）を1934年に設立します。この日本精神薄弱児愛護協会は，八幡学園の学園長久保寺保久が中心となって，精神薄弱児のための法制度を整えるため精神薄弱児

保護法の制定を要望します。しかしながら，戦争が激化し法整備は叶いません
でした。また，戦争が激化する中で，白川学園は一時閉鎖，藤倉学園は伊豆大
島から山梨県に疎開し，広島の広島教育治療学園は原爆の被害を受けています。
とくに藤倉学園は疎開中に 10 名の入所者が体調を崩して亡くなっています。

(4)　劣等児教育の展開と特別学級

　第三次小学校令の公布によって 4 年間の小学校（尋常小学校）が義務教育とな
り，1907 年には義務教育が 6 年になります（文部省，1992）。しかしながら貧困
を背景に就学させることが難しい保護者や，就学しても欠席が続き，中途退学
になる児童がいました。そこで県によっては，貧困を課題とする児童が小学校
に通えるよう特別学級を設置すること，特別教授を行うことができる規定を作
成し，貧困を理由に就学できない児童の就学を促進しました。この規定は貧困
を理由に就学できないとする児童を対象にしていましたが，長野県では「学力」，
茨城県では「病弱又は発育不完全」を理由とする児童も対象としていました。

　一方で 1911 年頃になると，この当時，小学校は課程修了によって進級してお
り，その進級ができない学業不振の子どもの教育が課題として取り上げられる
ようになり，学業不振の子どもを劣等児と表現するようになります。とくに長
野県松本尋常小学校では 1888 年から劣等児を対象にした教育に取り組み，学力
別の学級を設置し，1890 年 4 月には進級試験に落第した児童を対象とする落第
生学級を設置しています。これは日本で初めて知的障害を対象にした学級とし
て評価されていますし，就学義務の猶予・免除の対象とならない児童の中に知
的障害のある児童がいたこと，そしてその児童を対象にした教育的な取り組み
が行われていたことがうかがえます。

　そして 1907 年の文部省訓令第 6 号に師範学校の附属小学校に盲児，聾児，発
育不完全児を対象にした特別学級の設置が明記されます。ここでいう「発育不
完全児の児童」は学業不振の子どもを想定しており，実際に特別学級が設置さ
れたのは福岡県女子師範学校，宮城県師範学校，東京高等師範学校，長野県師
範学校，奈良女子高等師範学校でしたが，東京高等師範学校と奈良女子高等師
範学校を除けば，実際のところ特別学級の設置は長くは続きませんでした。

　さらに大正時代に入ると児童の個性や能力を重視する新教育が台頭し，同時に教員不足の問題，学級規模の大きさ等が要因となって小学校で学ぶ児童の学業不振が課題となります。ここでもまた，劣等児に対する教育方法に関心が向けられるようになります。なお，明治末期（1912年頃）から教師が指導する際に何らかの配慮や支援を必要とする子どもを「低能児」と呼称する場合もありましたが，「低能」の明確な定義はなされておらず，学業不振児，精神薄弱児などの子どもをさしていました。そして大都市の学校では学業不振児の課題に対応するため特別学級が設置されていきます。大都市で設置されるようになった理由は，学級や学校が大規模であったために学業不振児への教育が問題となったからです。例えば1920年には，東京市最初の特別学級が，林町尋常小学校に促進学級，太平尋常小学校に補助学級という名称で設けられます。そして東京市では1926年頃に精神薄弱児を対象にした補助学級の設置学校数，学級数，児童数が共に増加します。また，後述する学校衛生において，虚弱児のみならず精神薄弱児を対象にした特別学級の設置が課題とされ，低能児を対象にした特別学級が増加します。

　なお，戦前期に知的障害をさす用語は統一されておらず，時期によって劣等，低能，精神薄弱などというように異なります。しかしながら大正期になると欧米諸国からビネー・シモン知能検査やその改訂版の翻訳が導入され，知的障害そのものを精神薄弱とし，精神薄弱の程度を軽度，中度，重度に分けて示し，軽度を魯鈍（愚鈍），中度を痴愚，重度を白痴というようになります。

第 2 節　整形外科学の成立と肢体不自由児教育の展開[*4]

(1)　整形外科学の成立と富士育児院および柏学園の創設

　東京帝国大学医科大学に外科教室はあったものの，整形外科の講座が開設されたのは1906年でした。この講座の初代教授は田代義徳（1864-1938）で，彼は

＊4　本節は，村田茂（2008）肢体不自由教育の歩み　筑波大学付属桐が丘特別支援学校（編著）『肢体不自由教育の理念と実践』（ジアース教育新社）を参考に執筆している。

文部省の留学生としてドイツ，オーストリアで整形外科を学んだ医師でした。医師として活躍する中で，1918年東京府慈善協会第三部会の部会長をつとめクリュッペルハイム[*5]の建設を提案し，1920年の第5回全国社会事業大会ではクリュッペルハイムの構想について話していました。

　一方，第1節で述べたように小学校令において肢体不自由児は就学義務の猶予・免除の対象でした。そのような中，整形外科の講座が東京帝国大学医科大学に設けられるより前の1903年，静岡県富士郡に渡邊代吉（1870-1928）によって肢体不自由児も対象にした富士育児院が創られます。渡邊は自身も障害があり，日蓮宗の僧侶からキリスト教に改宗した人物でした。富士育児院は地域の貧しい女児約30人を集めた施設で，この女児のうち2名が肢体不自由児だったと言われています。その後，視覚障害等の他の障害がある子どもも受け入れていますが，肢体不自由教育の歴史において富士育児院は明治期に肢体不自由児を収容した入所施設として位置づけられています。

　そして1921年，柏倉松蔵（1882-1964）によって，東京府小石川に肢体不自由児を対象とした通所の施設，柏学園が創られます。柏倉は1903年に日本体育会体操学校を卒業し，東京市の尋常小学校で代用教員や訓導として，そして東京府の中学校で助教論として働き，岡山県師範学校で体操教師として働いていた教師です（杉浦，1986）。柏倉は教師として体操を教授する中で肢体不自由のある子どもの教育に関心を持つようになります。とくに柏倉はリング（Ling, P. H., 1776-1839）が考案したスウェーデン体操のうちの医療体操に興味を持つようになります。柏倉は1918年7月に文部省主催の体操競技講習会を受講するため上京した際に，東京帝国大学医学部整形外科教室の田代を訪ね，田代のもとで学ぶことにします。岡山師範学校には休職願いを提出し，田代のもとで研究生として「医療体操」を学び，肢体不自由児のための施設を設立することを決意します。柏学園は小学校令の各種学校の認定を受けませんでしたが，柏学園の目的および規則には「小学校の課程に準ずる教育」と明記されており，教育機関に相当する施設として評価されています。創設時の教師は「医療体操師」の柏

＊5　クリュッペルハイム：ドイツ語で肢体不自由児者のための施設のこと。

倉の他に，小学校の訓導を経験した妻の柏倉とく（1885-1966）が「学科教師」
をつとめ，子どもたちには学科の他にマッサージと体操が教授されました。な
お顧問兼監督に東京帝国大学の田代が名を連ねました。そして柏学園の対象年
齢は 3 〜 16 歳までで，肢体不自由児のみならず，知的障害をあわせ有する肢体
不自由児も対象にしており，後述する整肢療護園の対象との違いが指摘されて
います。なお柏学園は戦後，柏学園診療所を開設しますが，児童福祉法の児童
福祉施設，身体障害者福祉法の肢体不自由者更生施設としての認可が下りず
1958 年に廃止（閉園）しています。

（2）　肢体不自由児を対象にした光明学校の創設

　1932 年に，小学校令第 17 条の小学校に類する各種学校として認可された公
立の肢体不自由学校，東京市立光明学校が創設されました。東京市では 1918 年
に東京市教育委員会が市内小学校の校長をアメリカの教育視察に派遣するなど
肢体不自由教育への関心が高まっていましたが，1923 年に関東大震災が発生し
肢体不自由児のための学校設立が遅れていました。そして昭和に入り，東京市
社会局は 1930 年 6 月に東京市立小学校を対象に「体操を免除すへき程度の骨関
節並に筋肉疾病異常を有する児童調査」を実施し，さらに翌 1931 年 5 月にも
「骨，関節ならびに筋肉の疾病異常による体操免除児童」の調査を行いました。
いずれの調査においても約 700 名の肢体不自由児が東京市にいることがわかり，
東京市の市会本会議で肢体不自由児のための学校が設立されることになりまし
た。なお，この頃に東京帝国大学医学部を退官した田代は東京市議会議員とな
り，肢体不自由児のための学校設立に影響を与えました。

　光明学校の初期の教育は，普通教育，職業教育，身体の治療・矯正，養護の
大きく 4 つであったと言われています。この時期に光明学校で行われた治療は，
「治療体操」「玩具治療[*6]」「マッサージ療法」「太陽灯照射」「日光浴」「ギプス療
法」「手術」（病院に委託）でした。普通教育（教科教育）や職業教育のみならず，
肢体不自由児の運動機能に働きかける内容が教育の 1 つとして提供されていた

＊6　玩具治療：玩具を使い，上肢の運動機能の改善をめざす。

ことがわかります。

　また，光明学校は国民学校令の公布によって，1942 年より東京市立光明国民学校に名称を変更します。そして戦争が激化する中で，1944 年に世田谷校舎を疎開先にして現地疎開をします。疎開というと地方への疎開をイメージしますが，地方に疎開先が見つからなかったからです。しかし，1945 年 3 月 10 日の東京大空襲を機に校長の松本保平（1902-1988）は疎開先を見つけ，長野県更級郡上山田温泉の上山田ホテルに 1945 年 5 月 15 日に疎開しています。なお，光明学校は現在，東京都立光明学園となり，肢体不自由教育と病弱教育の 2 部門による特別支援学校になっています。

(3)　クリュッペルハイム東星学園と整肢療護園の創設

　昭和に入ると，肢体不自由児を対象にした施設が 2 つ創設されます。まず，1939 年に守屋 東（1884-1975）によってクリュッペルハイム東星学園が創られます。守屋は東京府立第一高等女学校を卒業した後，東京市下谷万年尋常小学校の教員として働いた人物です。彼女は教員を経て，その後 1917 年に日本基督教夫人矯風会が設立した「東京婦人ホーム」の経営責任者として住み込み，女性の支援に携わります。この東京婦人ホームの嘱託医は，後述する東京帝国大学医学部教授の高木憲次（1888-1963）のもとで研究していた医師の竹澤さだめ（1903-1943）でした。竹澤は 1929 年にドイツに留学しており，守屋は竹澤からオスカーヘレネハイム*7 の話を聞き，肢体不自由児のためのクリュッペルハイムの設立を構想するようになります。そして守屋は 1932 年に日本基督教婦人矯風会を辞め，寄附を募り資金を集め肢体不自由児のための施設設立にとりかかります。資金調達等に時間を要したものの 1939 年に世田谷区上野毛にベッド数 26 床のクリュッペルハイム東星学園を設立するに至りました。クリュッペルハイム東星学園の嘱託医は竹澤がつとめましたが，彼女は 1943 年に死去しており，クリュッペルハイム東星学園は同年に閉園されています。

　次に創られた肢体不自由児のための施設は高木憲次によって 1942 年に創られ

＊7　オスカーヘレネハイム：ドイツ，ベルリンにあって肢体不自由児者に医療，教育，職能訓練などを提供していた施設のこと。

た整肢療護園です。高木は肢体不自由教育の歴史で欠かすことができない人物の一人で，東京帝国大学医学部整形外科教室の 2 代目教授でした（1924 年に初代教授の田代の後任として就任）。高木は，田代が教授時代の整形外科教室に入局し，1916 年に助手となります。そして高木は 1918 年に母校の本郷小学校で肢体不自由児の調査をするなど，肢体不自由の実態を調査し，治療，教育，職業教育を提供する「教養所」（夢の楽園教養所）の設立を構想し，本郷と下谷区役所や文部省と内務省に教養所の設立を働きかけていました。

　そして高木は 1922 年 5 月から 1923 年の 12 月までレントゲン学研究のためドイツに留学します。帰国後の 1924 年に高木は教授となり，「クリュッペルハイムに就いて」という論文を発表します。この論文で高木は，「整形外科的治療」と肢体不自由児のための教育，「手工及工芸的練習」，「職業相談所」を提供できる施設の必要性を述べています。一方で，高木は 1925 年 2 月に肢節不完児福利会（現在の日本肢体不自由児協会）を肢体不自由児者の啓蒙活動として設立しています。さらには 1929 年頃に「肢体不自由」という名称を提案し（村田，1997），1935 年 3 月 26 日の第 67 回帝国議会に「肢体不自由者救済教育令制定に関する建議」で「肢体不自由」が使用され，「肢体不自由」という用語が定着したと言われています。また，1934 年の第 9 回日本医学会総会で「整形外科学の進歩とクリュッペルハイム」と題して講演しています（全国ラジオ放送も）。この講演においても，高木は肢体不自由児のために治療，教育，職業教育，授産が提供できる施設を構想していました。なお，高木は知的障害を有する肢体不自由児を施設の対象から除いて構想していたとも言われています。

　そして高木は肢体不自由児のための施設，クリュッペルハイムの設立を具体化していきます。まず高木は 1932 年に肢体不自由児療護協会の副会長として設立に携わるものの，1936 年に解散し，1937 年に肢体不自由者療護園建設委員会が発足し，その委員会を通して財界に寄附を募っていきます。そして肢体不自由者療護建設委員会が解散され，1939 年に高木が理事長となって財団法人肢体不自由者療護園が発足します。これによって施設の敷地の選定と建築計画が開始され，1942 年に東京府板橋区に整肢療護園が創られます。なお，整肢療護園も戦時下には空襲の被害を受け一時閉園し，1946 年に再開しています。現在は，

医療型障害児入所施設，療養介護施設となっています。

▌第3節　学校衛生と病弱児教育の展開

（1）　学校衛生における虚弱児問題への注目

　病弱教育の歴史と学校衛生（現在の学校保健）の歴史は学校における健康増進と疾病予防の点で関連します。まず，学校衛生の歴史において注目すべきは，1891年に医師の三島通良が初めて文部省の学校衛生事項取調嘱託に就任したことです。学制が公布されて以降，学校衛生に関する法律も規定され，とくに1897年に学校で身体検査を実施する学生生徒身体検査規定の制定，1898年に公立学校に対する学校医設置の勅令と学校医職務規定が制定され，学校に学校医が設置されるようになり，学校衛生の制度が発展します。また，この時期にはトラホーム（トラコーマ）[*8]の予防が学校衛生の中で取り組まれます。例えば岩手県は1906年に「学校『トラホーム』規程」を作成しており，その他の県においても学校におけるトラホームの予防規定が作成されていました。

　そして明治末期（1912年頃）になると健康増進を目的として3日から数週間開催する臨海学校（臨海聚落），林間学校（林間聚落）が行われるようになります。文部省大臣官房学校衛生課では1922年と1926年に夏季の体育的活動の調査結果を公表し，虚弱児を対象にした臨海学校と林間学校が各地で実施されたことが明らかになっています。小学校での初例は，1912年の香川県高松市四番丁尋常小学校と言われており，この学校の児童は夏季に自宅から保養所に通っていました。

（2）　虚弱児のための多様な形態の学校と学級の設置

　一方，病弱教育の最初の実践は1889年に三重尋常師範学校での脚気[*9]の生徒を

＊8　トラホーム（トラコーマ）：細菌の感染による結膜の疾病。繰り返し感染することで，失明に至ることがある。
＊9　脚気：ビタミンB1の不足が原因で末梢神経の障害や心不全を起こす疾病。

対象にした教育実践と言われています。師範学校は文字通り教員養成の学校で，三重尋常師範学校では学校とは別の場所（山地）に分校を設けて教育を提供しました（加藤，1990）。そして明治末期から一時的に教育を提供する臨海学校と林間学校とは違った常設の学校（養護学校），特別学級・養護学級，健康学園などが設けられます。まず学校についてみれば，1909 年に東京市養育院（貧困者のための施設）が，東京市養育院とは別に千葉県勝山町に安房分院を設置しています。この安房分院は第 1 学年から第 3 学年の腺病質[*10]，発育不良，虚弱児を対象とした常設の寄宿舎制学校で，臨海地に造られ林間教授が取り入れられていました。そして 1917 年には社団法人白十字会（結核予防団体）が神奈川県茅ケ崎に白十字林間学校を創設しており，これは常設の寄宿舎制学校で第 3 学年から第 6 学年のおもに結核児童を対象にしていました。なお，4 年間という短い期間ではありましたが，1922 年に大阪市尋常御津小学校の分校として浜寺林間学校が設けられ，第 4 学年以上の身体虚弱児を対象にし，通学と寄宿を併用した方法で教育が提供されていました。さらに 1926 年には財団法人児童愛護会によって，千葉県一宮に関東大震災の震災地である東京府と神奈川県出身の虚弱児童を対象にした一宮学園が創られています。

　そして，大正から昭和にかけて東京市や大阪市などの大都市の区市立学校が臨海地や林間地に特殊学級（養護学級）を設置したり分教室を設置したりして，それを健康学園（養護学園）と位置づけて教育を提供します（日本学校保健会，1973）。この特殊学級（養護学級）や健康学園（養護学園）の対象は虚弱児で，児童は学籍を大都市の学校に置きながら一定期間，特殊学級や健康学園で学びました。とりわけ 1926 年東京市鶴巻尋常小学校には身体虚弱児を対象にした養護学級が設置されます。その他特殊学級（養護学級）の名称はその学級の形態によって開放学級，戸外学級，保養学級，増健学級など様々でした。

　以上，本章では，戦前の精神薄弱・肢体不自由・病弱教育の歴史を学校や施設，制度，そして教育に携わった代表的な人物を取り上げながら概観してきま

───────────────

＊10　腺病質：医学用語ではなく，結核にかかっている，あるいは虚弱な体質の子どものこと。

した。ここでふれることはできませんでしたが，学校や施設では多くの教師や職員が，近代の教育制度の中で障害のある子どもと向き合い教育を行ってきたことも忘れてはならない史実です。

【文　献】

加藤安雄（1990）．明治時代　全国病弱虚弱教育研究連盟病弱教育史研究委員会（編）　日本病弱教育史　pp. 16-31.
文部省（1992）．初等教育　学制百二十年史　ぎょうせい　pp. 27-33.
村田　茂（1997）．肢体不自由教育の萌芽　新版日本の肢体不自由教育：その歴史的発展と展望　慶應義塾大学出版会　pp. 41-46.
中村満紀男（編著）（2018）．日本障害児教育史戦前編　明石書店
日本学校保健会（1973）．学校保健百年史　第一法規出版
杉浦守邦（1986）．柏学園と柏倉松蔵：日本最初の肢体不自由学校　山形大学教育学部養護教室

わが国における戦後の
盲・聾教育の展開

　本章では，終戦（1945 年）から特別支援教育制度開始（2007 年）までのおよそ 60 年の歴史を概観します。この間には，学校教育制度の転換，支援機器の充実，指導方法の変容等，種々の変化が生じています。そこで，本章では，戦後の特殊教育の歴史約 60 年を 20 年ごとに区切り，1940 年代後半〜 1960 年代前半までを第一期「盲学校・聾学校教育の義務化」，1960 年代後半〜 1980 年代までを第二期「弱視教育・難聴教育の進展」，1990 年代〜 2007 年までを第三期「特別支援教育に向けた歩み」と題して概観します。

第 1 節　終戦から特別支援教育制度開始までの変遷

　各期の内容に入る前に，60 年間の変遷の概要を示します。まず，盲学校および聾学校在籍者数の推移と盲学校・聾学校の設置数の推移を示しました（図 4-1）。盲学校・聾学校在籍者数のいずれも第一期の 1959 年にピークを迎え，第二期に入り漸次減少傾向となり，第三期に減少からやや横ばいの状況が続いています。これは，子ども人口全体が減少傾向にあることによって，視覚障害児あるいは聴覚障害児の絶対数が減っていることが影響しています。そのほかに，教育制度の枠組みの変化や，視覚障害や聴覚障害に起因する困難を解消する支援機器が充実したことなども影響し，通常の学級で学ぶ視覚障害児，聴覚障害児が増えたことも関係していると思われます。また，盲学校・聾学校の設置数については，1 県 1 校以上の原則に基づいて設置されており，盲学校は 1 県 1 校，聾学校は 1 県 2 校程度で推移を続けています。これは，出生児数に占める出現割合が視覚障害と聴覚障害では異なり，聴覚障害児のほうが生まれる割合が高いことに起因していると考えられます。

　次に，視覚障害児，聴覚障害児の就学基準等についての変遷を示しました（表 4-1・表 4-2）。表 4-1 は，第一期の 1953 年に示された，「教育上特別な取扱を要

図 4-1　盲学校・聾学校の在籍者および設置数の推移

注）幼稚部・小中学部・高等部含めた数。ただし，幼稚部や高等部が設置される以前のデータもあるため，時期に
　　よって幼稚部や高等部のデータが含まれない場合もある。
出所：国立特別支援教育総合研究所「特別支援教育資料　特殊教育資料」
　　　https://www.nise.go.jp/nc/database（2023 年 3 月 28 日閲覧）をもとに筆者作成。

する児童生徒の判別基準について」（文部事務次官通達）から，盲・聾に関わる規
定を抜粋したものです。表 4-2 は，第一期末と第三期に示された就学基準を比
較しています。表 4-1 をみると，現代の基準から考えた場合には，かなり障害
の程度が重い子どものみに絞られていたことがわかります。それに対して，表
4-2 からは，盲学校・聾学校に通う子どもの基準がかなり緩和されていること
がわかります。とくに，聴覚障害児の基準を見ると，第一期末には 90dB であっ
た基準が，第三期には 60dB にまで緩和されています。60dB とは，1m 離れた距
離で通常の大きさで話す話し声とされています。それに対し，90dB とは，防犯
ブザーの大きさと言われています。そして，就学基準における 60dB ないし 90dB
とは，その大きさの音の存在に気づかない状態を表しています。すなわち，補
聴機器を用いなければ日常生活の多くの音を聞くことができない状態です。よっ
て，数字上では 30 しか変わらない 60dB と 90dB という状態は，日常生活にお
いて，その臨床像は大きく異なります。
　これらのことから，障害の程度が重い児童のみが盲学校・聾学校に通う時代

表 4-1　盲学校・聾学校に通う子どもを定める判断基準

	視覚障害	聴覚障害
定義	1. 盲者　普通の児童用教科書による教育が不適当で、おおむね点字教育を必要と認められるものを盲者とする。 2. 弱視者　普通の児童用教科書をそのまま使用して教育することが、おおむね不適当で、盲教育以外の特殊の方法を必要と認められるものを弱視者とする。	1. ろう者　聴力が欠除するか、または欠除に近いものをろう者とする。 2. 難聴者　聴力欠損のあるものを難聴者とする。
基準	1. 盲　眼鏡を使用してもその矯正視力が両眼で 0.02（1 メートル指数）に達しないもの。 2. 準盲　眼鏡を使用してもその矯正視力が両眼で 0.02（1 メートル指数）以上 0.04（2 メートル指数）に達しないもの。 3. 弱視　眼鏡を使用してもその矯正視力が両眼で 0.04（2 メートル指数）以上 0.3 に達しないもの。 4. 視力以外の他の視機能障害を高度に有するもの。 5. 現在の視力欠損が治療可能な疾患によるもので、その治療が完了するのに長期を要し、この間に視力の相当の回復が望まれるもの。	1. ろう　聴力欠除するもの、および聴力欠損がきわめて高度で、聴力損失が 80dB 以上であるか、又は話声語を 0.2 メートル以下でかろうじて聞きうるか、あるいはほとんど聞き得ぬもの。 2. 高度難聴　聴力欠損が高度で聴力損失が 80 ないし 50dB であるか、または話声語を 0.2 メートルないし 1.5 メートルで聞きうるもの。 3. 中等度難聴　聴力欠損が中等度で、聴力損失が 50 ないし 30dB であるか、または話声語を 1.5 ないし 4.5 メートル、ささやき語を 0.5 メートル以下で聞きうるもの。 4. 軽度難聴　聴力欠損が軽微で、聴力損失が 30dB 以下であるか、または話声語を 4.5 メートル以上、ささやき語を 0.5 メートル以上で聞きうるもの。 5. 現在の聴力欠損が治療可能な疾患によるもので、その治療が完了するのに長期を要し、この間に聴力の相当の回復が望まれるもの。
教育的措置	1. 基準 1 および 2 に規定した程度に該当するものに対しては、盲学校に就学させ、教育を行い治療を受けさせるのが望ましい。 2. 基準 3 に規定した程度に該当するものに対しては、盲学校に就学させ、教育を行い治療を受けさせるかまたは特殊学級に入れて指導するのが望ましい。 3. 基準 4 に規定した程度に該当するものに対しては、教育的措置 1 および 2 と同様の教育ができる。 4. 基準 5 に規定した程度に該当するものに対しては、就学猶予を考慮する。	1. 基準 1 に規定した程度に該当するものに対しては、ろう学校に就学させ、教育を行い治療を受けさせるのが望ましい。 2. 基準 2 に規定した程度に該当するものに対しては、ろう学校に就学させ、教育を行い治療を受けさせるかまたは特殊学級に入れて指導するのが望ましい。 3. 基準 3 および 4 に規定した程度に該当するものに対しては、小・中学校の普通学級で特に留意して指導するのが望ましい。

出所：文部省（1978a, b）。

から、徐々に、障害の程度ではなく、教育的支援のニーズに応じて盲学校・聾学校に通う時代へと移り変わってきた様子がうかがえます。それでは詳しくみていきましょう。

表 4-2 盲学校・聾学校で学ぶ子どもの目安となる基準

1962（昭和 37）年 就学基準 （学校教育法施行令第 22 条の 2）		2002（平成 14）年 就学基準 （学校教育法施行令第 22 条の 3）
一 両眼の視力が 0.1 未満のもの 二 両眼の視力が 0.1 以上 0.3 未満のもの又は 視力以外の視機能障害が高度のもののう ち，点字による教育を必要とするもの又 は将来点字による教育を必要とすること となると認められるもの	視覚 障害児	両眼の視力がおおむね 0.3 未満のもの又は視 力以外の視機能障害が高度のもののうち，拡 大鏡等の使用によっても通常の文字，図形等 の視覚による認識が不可能又は著しく困難な 程度のもの
一 両耳の聴力損失が 90dB 以上のもの 二 両耳の聴力損失が 90dB 未満 50dB 以上の もののうち，補聴器の使用によっても通 常の話声を解することが不可能又は著し く困難な程度のもの	聴覚 障害児	両耳の聴力レベルがおおむね 60dB 以上のも ののうち，補聴器等の使用によっても通常の 話声を解することが不可能又は著しく困難な 程度のもの

出所：文部科学省「障害のある児童生徒の就学先決定について」
https://www.mext.go.jp/b_menu/shingi/chukyo/chukyo3/044/siryo/__icsFiles/afieldfile/2010/08/18/
1296501_03.pdf（2023 年 3 月 28 日閲覧）をもとに作成。

第 2 節　盲学校・聾学校教育の義務化
──第一期：1940 年代後半〜 1960 年代前半

（1）　教育基本法，学校教育法の制定

　1945 年，終戦を迎えた日本では，連合国軍の統治下で教育の再整備が始まり
ました。具体的には，1947 年に現行の教育制度である 6・3・3・4 制が編制さ
れ，義務教育が 9 年間とされました。また，高等学校設置に際して，男女共学
制の原則や学区制が整備されるなど，現在の教育制度の根幹となる仕組みづく
りがなされた時期でもあります。

　盲学校・聾学校の教育に関しては，義務化，教育内容の整備，通いやすい環
境づくり等が施され，障害があっても学校に通い，学ぶことが実現された時期
といえます。

(2)　盲学校・聾学校教育の義務化

①　教育体制の確立

　1946年に連合国軍総司令部の要請によって，アメリカから各種専門家で構成された教育使節団（以下，使節団）が派遣されました。使節団は１か月程度の滞在期間で教育改革の具体案を立案し，総司令部に報告書として提出したとされます。その際に，東京聾唖学校長だった川本宇之介は使節団に直談判し，使節団が作成した原案には含まれていなかった特殊教育についての文言を追記させました。すなわち，「盲児，聾児及びその他，通常の学校では十分にその必要性を満たされない重い障害を有する児童に対しては，特別の学級又は学校が用意されなければならない。その就学については，通常の義務教育法によって規定されなければならない」（心身障害児教育財団，1981）という文言です。これによって，1947年３月に学校教育法が制定された際に，特殊教育に関する条項も加えられ，障害児の教育も義務教育の一環として位置づけられました。盲学校，聾学校については，1948年からは小学部１年生より学年進行にともなって１学年ずつ就学が義務づけられました。

　学校教育法の制定以来，障害児教育は，盲学校・聾学校あるいは小・中学校特殊学級等によって進められてきました。しかし，これらの学校・学級の対象児の基準が明らかではなかったことから，「盲児」あるいは「聾児」という規定だけではなく，どの程度の弱視か，どの程度の難聴かといった線引きをする必要性が生じました（表4-1参照）。これにより，障害の程度別で子どもたちの学ぶ場がそれぞれに提供され，学級編制や教育内容・教育方法の確立が促されました。なお，当時の調査（1953〜1955年頃）では，調査対象となったすべての児童生徒のうち障害児の割合は盲児0.03％，強度弱視児0.04％，聾児0.05％，高度難聴児0.08％とされていました。1969年の調査では，視覚障害児0.08％，聴覚障害児0.11％となりました。現在の基準では，各種障害児の発生頻度について，視覚障害児が1,500〜2,000人に１人程度（0.05〜0.07％），聴覚障害児が1,000人に１人程度（0.1％）と言われていることを鑑みると，当時の視覚障害児，聴覚障害児の多くが，その障害を発見され，教育を受けることができていたと考

えられます。

② 就学奨励施策の推進

　盲・聾教育については，1953 年に小学部全体が義務制となり，1954 年度からは中学部 1 年生まで義務制となりましたが，就学率は依然として低調でした。これは，図 4-1 からもわかるように，盲学校・聾学校はほとんどの県において 1 ～ 2 校ずつしか設置されておらず，通学費あるいは寄宿費用を多額に要したことも一因として考えられます。1950 年頃の調査では，就学率の推計値として，盲児 40%，聾児 65% とされており，就学奨励の施策をいっそう推進すべきだとされました。そこで，これまでは，通学生の通学費，寄宿舎生の帰省旅費，寄宿に必要な雑費等，障害児本人に関わる費用が主たる対象であった就学奨励費の費目に，1955 年からは小学部 1 ～ 3 年生の児童の付添人の通学費用，小・中学部についての寄宿舎生の帰省の場合の付添人交通費，寄宿舎生の食費が加えられ，1956 年からは高等部本科・別科の教科用図書購入費が加えられました。

　以上のような就学率向上のための施策が功を奏し，盲学校は 1948 年に 4,457 名だった在籍者が 1956 年には 9,460 名へと増加しました。同様に，聾学校についても，1948 年に 7,930 名だった在籍者が 1956 年には 1 万 9,505 名と大幅に増加しました（荒川・大井・中野，1976）。

　さらに，1959 年に「特殊教育の充実振興についての答申」が提出され，盲学校と聾学校の高等部教育の重視，聾学校における幼稚部設置が勧告されました（文部省，1959）。その際に，幼稚部・高等部についても義務制の小・中学部に準じた諸措置を行うべきであるなどの意見が寄せられ，そのための就学奨励の支給費目が追加されるなど，盲学校・聾学校で学ぶ子どもたちに対しての奨励費が支給されるよう工面されました。

(3) 弱視学級・難聴学級の創始

　1950 年頃，耳管狭窄症の研究をしていた高原滋夫（岡山大学医学部耳鼻咽喉科学）[*1]が，中耳カタルの子どもの支援を開始しました。中耳カタルになると，20 ～ 30dB 程度の難聴になりますが，本人たちが聞こえにくさに気づきづらく，支

援されないことが多くあります。現代でも，滲出性中耳炎については，痛み
をともなわないために，発見が遅れるケースが散見されます。

　高原は教育現場で中耳カタルの子どもたちが適切な支援を受けられていない
現状を鑑み，戦後初の難聴学級設立に尽力しました。岡山市内の内山下小学校
内に開設された難聴学級には，①会話音域平均聴力損失が 45 ～ 60dB であるこ
と，②知能指数が 90 以上あること，の 2 つの基準を満たした子どもたちが通う
こととなりました。

　1963 年には，現代の弱視学級と同様の形態となる弱視学級が大阪市本田小学
校に開設されました。ここでは，視力の弱さにともなって学習に困難をきたす
場合や危険をともなう学習は弱視学級において指導し，比較的視力を要さずに
学習できる内容は晴眼児とともに普通学級で学習する方針であったとされてい
ます。

第 3 節　弱視教育・難聴教育の進展
——第二期：1960 年代後半～ 1980 年代

　1960 年代後半は，戦後復興の象徴とされた東京オリンピック・パラリンピッ
クを終え，社会インフラが充実し，経済も安定的に成長した時代でした。また，
1970 年代に入ると，国民生活の水準が向上し，第二次ベビーブームなどもあり，
人口増加の一途をたどった時代でもありました。教育に関していえば，1969 年
に，小学校・中学校の全学年を対象として教科書の無償化が定められ，義務教
育がますます広がり，最低限度の保障がなされました。また，高等学校進学率
が 1970 年には 80％を，1974 年には 90％を超えるようになり，ほとんどの者が
高等教育機関へ進学するようになりました。

　このような背景を受け，1971 年に出された中央教育審議会の「46 答申」[*2] は，
明治元年および第二次大戦後に行われた教育改革に次ぐ「第三の教育改革」と

＊ 1　中耳カタル：今でいう滲出性中耳炎のこと。
＊ 2　46 答申：正式名称は「今後における学校教育の総合的な拡充整備のための基本的施
　　　策について」。詳細は，文部科学省「一　中央教育審議会四十六年答申」を参照の
　　　こと。（2023 年 3 月 28 日閲覧）

＊ 2

位置づけられ，学校教育全般にわたる改革整備の施策を提言していました。具体的には，幼稚園教育の普及や特殊教育の充実等のように教育の機会均等の実現を図ること，あるいは中学校と高等学校を一貫する学校として設置すること等を図ることがあげられ，初等・中等教育の学校体系の改革を行う答申でした。

　盲学校・聾学校の教育についてみると，支援機器の充実のほか，1971年・1972年の学習指導要領改訂にともない，"感覚機能の向上"等の4項目から成る「養護・訓練」が実施されるようになるなど，障害の重さや状態等の個々人に合わせた教育のあり方が模索された時期ともいえます。

（1）　視覚障害児・聴覚障害児の学びの場の広がり

　交流教育については，文部省初等中等教育局下において設置された特殊教育総合研究調査協力者会議の「特殊教育の基本的な施策のあり方について（報告）」（1969年）において，初めて「普通児とともに教育を受ける機会を多くすること」が盛り込まれました。ここでは次のように記されています。

> 　心身障害児に対する教育は，その能力・特性等に応じて特別な教育的配慮のもとに行われるものであるが，普通児とともに生活し教育を受けることによって人間形成，社会適応，学習活動など種々の面において教育効果がさらに高められることにかんがみ，心身障害児の個々の状態に応じて，可能な限り普通児とともに教育を受ける機会を多くし，普通児の教育からことさらに遊離しないようにする必要がある。

　また，「Ⅱ.特殊教育の改善充実のための施策」においては，次のように記されています。

> イ　特殊教育諸学校または特殊学級に在学し，特定の時間普通児とともに学習することが可能な心身障害児については，その障害の種類，程度等により，可能な範囲で普通学校または普通学級において指導できるようにするため，関係の学校または学級相互の間の提携協力を図るなど必要な措置をとること。

　これを受けて，1971年の特殊教育諸学校小学部・中学部学習指導要領と，1972

年に告示された特殊教育諸学校高等部学習指導要領において，障害のない児童生徒との交流教育の機会を積極的に設けることが望ましいと規定されました。

(2)　盲児・弱視児教育の発展，充実

これまでの視覚障害児の教育では，視覚的に情報を得ることが難しい子どもたちに対して，自由に歩けるようにするための歩行指導，文字からの情報をうまく処理できるようにするための点字の指導が中心的な課題として行われてきました。その中で，1965年以降は，盲学校への補助金の交付による支援機器の充実，それにともなう指導方法の確立がなされた時期でした。

①　支援機器の導入と発展

具体的には，1970年代中頃には，「オプタコン（盲人用電子読書器）[*3]」が輸入され始めました。オプタコンは，カメラを利き手に持ち，印刷された文字の行に沿って動かすことで，そのカメラが捉えた文字列を触覚的な文字列へと変換し，それをもう一方の手で読み取ることができる機械です。これによって，点字翻訳されていない図書へのアクセスが容易になったとされています。

次に，1980年代には，点字教材作成装置や盲人用レリーフコピー装置などが[*4]普及しました。盲人用レリーフコピー装置の仕組みは，原版の上にプラスチック製のシートを密着させることにより，原版の凹凸を正確にコピーするものです。これまで，実物を触ることが中心であった視覚障害児教育において，再現性，汎用性の高い教材を簡易に複数作成できる点で，視覚障害児教育の充実の一助となりました。

②　自立支援のための指導の拡充

また，この時期は指導に関しても大きな変化がありました。まず，歩行指導

＊3　オプタコン（Optacon）：optical-to-tactile converter（視覚から触覚への変換装置）の略で，視覚障害者用の光学式読書器のこと。
＊4　点字教材作成装置：点字の文書を作成・編集して，紙に点字製版をする機器。販売当初は2～3畳ほどの大きなものだったが，現在では紙が不要の小型化した後継機（QRコード参照）が市販されている。

＊3　＊4

についてです。視覚障害児・者が白杖歩行をする技法として，アメリカから導入されたフーバー技法（Hoover technique）が用いられ，広く普及していきました。これは，白杖を地上すれすれに，自己の身体の幅で弧を描くように左右に動かし，右足を踏み出すときに左へ，左足を踏み出すときに右へ白杖を振りながら歩行する方法です。現在も点字ブロック上あるいはその周辺に駐輪等を行わないように喚起されていますが，視覚障害児・者が確実に独立歩行を行う上で，フーバー技法は不可欠であり，それを阻害しない社会の配慮が必要です。

　また，視覚障害児・者に対する職業教育も充実が図られました。当時の高等部を持つ盲学校には，すべて理療科*5が設置され，按摩・マッサージ・指圧・はり・きゅうなどの技術者養成を目的とした教育活動が行われていました。そのほか，リハビリテーション科では理学療法士，調律科ではピアノの調律士，音楽科では音楽科の教師を養成する目的で教育がなされていました。

　以上のように，社会自立を促す上で欠かすことのできない，文字情報の取得，単独歩行，就業に向けた指導が充実し始めた時期でした。

(3)　聾児・難聴児教育の発展，充実

①　幼稚部指導の開始

　聾児・難聴児教育についても，教育の分化や指導内容の充実が図られました。

　1966 年には，東京教育大学附属聾学校に「谷間の子どもたち」を対象にした難聴学級が幼稚部に設置されました。この学級では，補聴器を装用することで，「日常生活すべてが言語獲得の場である」という理念のもとで指導が行われました。このような，聴覚利用による言語指導法を「自然法」と呼び，当時の聴覚障害児教育においては「言葉の風呂に入れる」というキーワードが指導上の配慮事項として重視されました。

　1960 年代後半からは，早期教育の重要性が提言されるようになりました。この時期には就学前の 2 〜 3 歳児への教育相談や 3 歳児学級での教育が全国の聾学校で実施されるなど，早期からの定期的な通学が広まっていきました。その

＊5　理療科：職業課程のこと。他障害種では，理容科（理容師養成）なども行っている。

ため，聾学校において，就学前の 2 ～ 3 歳児の教育相談，観察指導が次第に行われるようになり，現代における乳幼児教育相談，幼稚部での指導の先駆けとなった時期といえます。

また，聾学校における職業教育として，1970 年代後半からは自動車塗装・写真製版・デザイン・機械電気・歯科技工などの専攻科が聾学校に設置され，視覚障害児に対する教育と同様，社会自立あるいは就業に向けた指導が行われていきました。

② 聾学校の教育と指導

指導については，学校教育法第 71 条に述べられている通り，「盲，ろう，養護学校の目的」として，聾学校は聾者に対して，「幼稚園，小学校，中学校または高等学校に準ずる教育を施し，併せてその欠陥を補うために，必要な知識技能を授けることを目的とする」，すなわち同年代の健聴児と同等の内容を，その障害の特性に応じて指導することとされていました。その指導方法については，日本では根強く口話法[*6]による教育が一般的に行われてきました。1960 年代後半から，栃木聾学校による同時法[*7]が開始されるなど，手話を用いる指導を行う学校が散見されるようになりましたが，まだ多くの学校では口話法を主体とする授業がなされていました。

第 4 節　特別支援教育に向けた歩み
——第三期：1990 年代～ 2007 年

1990 年代の日本はバブル経済の崩壊時期にあたり，失業率が 2 ～ 4％台後半にまで上昇するなど社会情勢としては厳しい時代でした。出生数についても，第二次ベビーブーム以降，減少傾向が続き，合計特殊出生率 1.57[*8] の過去最少の値となり，これまでの右肩上がりの状況に影を落とすことになりました。

教育分野においては「21 世紀を展望した我が国の教育の在り方について（第

＊6　口話法：話し相手の声を聞き，口唇の動きを読むことで相手の話している内容を理解する方法。
＊7　同時法：声や口の動きだけでなく，手話も併用する指導方法。
＊8　1990 年の値。

一次答申)」の諮問が行われるなど，1980年代までの詰め込み教育からの脱却が
謳われるようになりました。また，その一つとして学校週5日制の段階的導入
がなされ，1992年より第2土曜休日化，1995年から隔週5日制，2002年より
週5日制の全面実施となりました。

(1) インクルーシブ教育に向けた基盤構築

1994年には，「万人のための教育（Education for All）」を達成するため，スペ
インのサラマンカにおいて「特別なニーズ教育に関する世界会議」が開催され
ました。この中で，"障害児教育"や"特殊教育"といった用語の代わりに「特
別なニーズ教育（Special Needs Education）」が用いられました。この宣言の中で，
インクルージョン（inclusion）の原則，すなわち，すべての個人を尊重し，学習
を支援し，個別のニーズに対応する活動の必要性が表明されました。

視覚障害児・聴覚障害児への教育については，2006年の障害者の権利に関す
る条約（障害者権利条約）により，点字等の代替的な文字を用いることで意思疎
通を保障すること，さらに，移動のための技能を習得させ，かつ障害者相互に
よる支援が行われるよう提言されました。同様に，手話の習得により意思疎通
を図るほか，聴覚障害者どうしが共有できる言語としての手話の普及を容易に
することなどが示されました。これにより，1990年代から高まりつつあった教
育現場での手話の使用が大きく前進しました。

また，1999年に告示された学習指導要領から，「養護・訓練」は現行と同じ
「自立活動」へと名称が改められました。さらに，いわゆる努力規定としての扱
いだった交流教育は，2004年の障害者基本法の一部改正にともない，国として
「交流及び共同学習」に取り組むことが法的にも明確になりました。これにより，
障害のある子どもと障害のない子どもとが，教育の場においても積極的に関わ
りを持つ機会が与えられるようになりました。

(2) 通常の学級に在籍する障害のある児童生徒を対象とする通級に よる指導の制度化

通級による指導は，「学校教育法施行規則」の一部改正により制度化され，

1993 年から小学校，中学校に導入されました。これは，小・中学校等の通常の学級に在籍する障害のある児童生徒に対して，別室で週に数時間行われる特別な指導をさします。指導内容としては，在籍する学級の中で取り扱うことが難しい個別的内容，つまり，各自の障害に基づく種々の困難を主体的に改善・克服するための自立活動が中心として行われています。なお，弱視学級あるいは難聴学級といった特別支援学級とは異なるものであり，あくまでも通常の学級に在籍する児童生徒のみが通級による指導の対象となります。

(3)　視覚障害児教育におけるデジタル機器の普及

　1990 年代に入ってからは，パソコンが低価格で購入できるようになり，デジタル機器を個人が所有できるような時代になったことを受けて，教科用図書などにも大きな変化が訪れました。

　視覚障害者向けの読書機が日本で最初に発売され，「達訓」[*9]という，当時のOCR 機とパソコンを組み合わせたシステムにより，テキストデータを自動で朗読してくれるようになりました。また，2000 年代に入ると音声拡大読書機「よむべえ」[*10]が発売され，これまで以上に小型化，高性能化され，単体での音声読書機として，視覚障害児の学びを支える支援機器として活躍しました。

　また，1999 年には，全国の点字図書館，盲学校，視力障害センターにDAISY作成システムと DAISY 再生専用機，および 2,580 タイトルの DAISY システムの CD-ROM を配布する事業が開始しました。DAISY とは，「デジタル音声情報システム（Digital Audio-based Information SYstem）」の略であり，視覚障害者にとってアクセスしづらかった文字情報を音声に変換することで提供されるサービスのことです。なお，現行のDAISYは，音声以外の画像データなどの情報にもアクセスできるようになったことから名称が変更され，「アクセシブルなデジタル情報システム（Digital Accessible Information SYstem）」となっています。

＊9　望月　優・荒川明宏（2004）視覚障害者のIT 利用の現状　社会福祉法
　　　人日本盲人社会福祉施設協議会　在宅視覚障害者のIT 化にともなう情
　　　報アクセシビリティに関する調査研究事業報告書
＊10　アメディア「よむべえスマイル」

＊9　　　＊10

(4)　聴覚障害児教育における早期補聴のための取り組み

　前述の通り，聴覚障害児に対する早期教育の重要性が叫ばれる中で，早期発見，早期補聴の重要性にも焦点が当てられるようになりました。それを実現するために，この時期から，新生児聴覚スクリーニング検査，デジタル補聴器，人工内耳などが注目されるようになりました。

①　新生児聴覚スクリーニング検査

　まず，難聴児の早期発見については，1990年より1歳6か月児健康診査と3歳児健康診査で，聞こえ等に関する綿密なアンケートを実施するほか，ささやき声が聴こえるかを確認する項目が実施されました。その後，厚生労働省は2001年より新生児聴覚スクリーニングのモデル事業を5年間のみ予算をつけて実施し，2006年以降は各地方自治体に任意で実施するように促しました。ところが，任意とされたことにより，検査料は有料になり，2005年の全国調査による取り扱い施設率は分娩取り扱い機関の約60%程度にとどまりました。この原因の1つに，個人の産科医院では新生児聴覚スクリーニングの機器であるAABRやOAEを備えていないところが多いことがあげられます。

②　デジタル補聴器

　1991年に，リオンから発表された世界初のデジタル補聴器は，補聴器の歴史を大きく変えました。音声信号をデジタル処理することで，各周波数の音の大きさを自由に設定できるようになり，さらに雑音を低減するノイズリダクションなどの機能も追加されました。従来のアナログ補聴器が単純に音を増幅するだけの機能だったことに比べ，個々人の聞こえ方に応じたきめ細かな音情報が提供されるようになりました。

③　人工内耳

　また，聴覚障害の程度が重い子どもたちにとって，新たな選択肢として人工内耳が脚光を浴びました。人工内耳の適応基準に関しては，1998年に成人と小

児における人工内耳適応基準が示され，聴力レベルや手術年齢等の医学的条件や必要事項が定められました。2006 年には，小児の人工内耳適応基準の改定が行われ，適応年齢が 2 歳から 1 歳 6 か月以上に変更され，聴力レベルも 100dB から成人と同じ 90dB に変更されました。

　以上のように，各期において支援機器の充実や性能の向上にともない，視覚障害児，聴覚障害児に対する教育や指導には変化が生じ続けてきました。とりわけ，最後に紹介したデジタル補聴器や人工内耳など，装用のいかんによって障害にともなう困難を大きく低減する可能性のある機器も開発されており，特殊教育の時代までに培った教育のノウハウをさらに発展させていくことが望まれます。

【文　献】

荒川　勇・大井清吉・中野善達（1976）．盲・聾学校義務制実施と整備　日本障害児教育史　福村出版　pp. 125-137.
文部省（1959）．特殊教育の充実振興についての答申（第 18 回答申）　https://www.mext.go.jp/b_menu/shingi/chuuou/toushin/591201.htm（2023 年 11 月 13 日閲覧）
文部省（1978a）．第二編 戦後の特殊教育 第三章 視覚障害教育　特殊教育百年史　東洋館出版社　pp. 317-353.
文部省（1978b）．第二編 戦後の特殊教育 第四章 聴覚障害教育　特殊教育百年史　東洋館出版社　pp. 354-380.
心身障害児教育財団（1981）．特殊教育全般にかかわるできごと　心身障害児教育財団（編）　特殊教育三十年の歩み：戦後を支えた人と業績　教育出版　pp. 16-22.

特殊教育制度の整備と養護学校教育の義務化

特殊教育諸学校の整備は，盲学校，聾学校がその他の障害種に先駆けて進められました。本章では，養護学校教育の義務制に至るまでの整備過程をおもに取り上げ，特殊教育制度の変遷を概観していきます。

第1節　養護学校の整備過程

(1)　養護学校の設置に向けた対象児童生徒の把握

養護学校は，1947年に制定された学校教育法第1条に盲学校，聾学校と共に明示されましたが，制定された当時は実体がありませんでした。養護学校を設置するにあたって，まずは①養護学校の対象となる障害の程度を明確にし，②対象となる児童生徒がどれくらい存在するのかを明らかにする必要がありました。

①　教育上特別な取扱を要する児童生徒の判別基準

1953年6月，文部省は事務次官通達によって「教育上特別な取扱を要する児童生徒の判別基準について」（以下，判別基準）を示しました。その目的は，次のように示されています（文部省，1978）。

> 小学校・中学校の学齢児童，生徒で，病弱・発育不完全その他心身の故障のため，教育上特別な取扱を要するもの，すなわち，就学が困難で，就学義務の免除または猶予を必要とするもの，盲学校・ろう学校または養護学校に就学させるべきもの，特殊学級に入れて指導することの望ましいもの，普通学級で特に指導に留意すべきものなどが正しく判別され，その結果に基いて，各人の能力に応じた教育が受け入れられるように，それぞれの段階・措置等を示すこと。

　判別基準は，盲者および弱視者，ろう者および難聴者，性格異常者，精神薄弱者，言語障害者，肢体不自由者，身体虚弱者，2つ以上の障害を有するものについて，それぞれ障害の程度に重きを置いて設定されました。なお，1957年の一部改正により，病弱者が追加されました。

　加えて，就学義務の猶予または免除について，盲者やろう者の基準に対応した教育的措置では就学免除の規定はなく，「治療が完了するのに長期を要し，この間に視力（聴力）の相当の回復が望まれるもの」は就学猶予を考慮するものとされました。一方，精神薄弱者の基準に規定される「白痴」に該当するものや，肢体不自由者の基準に示される，極めて長期にわたり病状が持続，再発するものや終生不治で機能障害が高度のものなどは，就学免除を考慮するものとされました。

② 特殊教育の対象となるべき児童・生徒の実態調査

　判別基準に基づいて，文部省は年次計画（1953～1955年度）によって障害の種類別に特殊教育の対象となるべき児童・生徒の実態調査を実施しました。その結果，学齢児童生徒人口における特殊教育の対象とすべき者の出現率として，精神薄弱の割合は4.25％，肢体不自由は0.34％，病弱（身体虚弱を含む）は1.35％であり，100万人を超える精神薄弱，肢体不自由，病弱・身体虚弱の者が特殊教育を必要としていることが明らかになりました（文部省，1978）。

(2)　公立養護学校整備特別措置法の制定

　実態調査によって特殊教育を必要としている児童生徒の存在を把握することができたものの，養護学校は義務制未施行のため都道府県に対する国の財政上の援助はなく，設置が進まない状況でした。なお，特殊学級に関しては，戦後の社会状況の中，外地・疎開地から戻った子ども，戦災孤児，浮浪児，普通学級で扱いの難しい子どものための学級であったと言われています（広瀬，1994）。

　養護学校や特殊学級の整備の立ち遅れに対する要望を反映して，1954年中央教育審議会「特殊教育ならびにへき地教育振興に関する答申」によって，養護学校および特殊学級の設置に対する補助を講じることなどが提言されました。そ

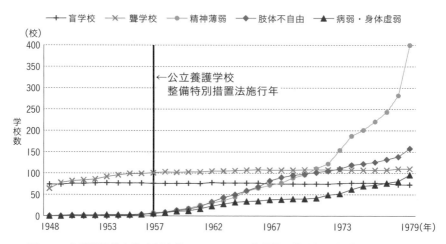

図 5-1　養護学校教育義務制実施に至るまでの盲学校・聾学校・養護学校数の変遷

出所：文部科学省（2020）．特別支援教育資料（令和元年度）をもとに筆者作成。

の後も必要経費の予算要求に関する陳情書等の訴えを経て，1956 年 6 月，第 24 回国会において，議員立法により「公立養護学校整備特別措置法」が成立しました。公立養護学校整備特別措置法は，養護学校における義務教育の早期実施を目標として公立学校の設置を促進し，あわせて公立養護学校における教育の充実を図ることを目的として，具体的には，建物の建築費，教職員の給与費，教材費等について，他の公立義務教育諸学校と同様に，国庫による負担または補助の道を講じました。建物の建築費は公布と同時に施行され，その他の部分については 1957 年度から施行されることとなりました。この公立養護学校整備特別措置法によって，その前年において 10 校（精神薄弱 2 校，肢体不自由 4 校，病弱 4 校）であった養護学校が，施行年である 1957 年度には 19 校（精神薄弱 8 校，肢体不自由 5 校，病弱 6 校）となりました（文部科学省，2022）。その後，養護学校の数が増加していくこととなりました（図 5-1）。

（3）　養護学校の設置促進に関わる施策動向

養護学校の整備過程に関して，1959 年中央教育審議会「特殊教育の充実振興についての答申」により，文部省は，肢体不自由養護学校の計画設置と精神薄

弱特殊学級の計画設置を重点的に推進することとしました。計画はその後修正され，養護学校については1962年度から精神薄弱養護学校および病弱養護学校の奨励設置も計画に含め，毎年度合わせて16校ずつの増設計画を推進していきました。

　また，1962年学校教育法施行令の一部が改正され，学校教育法施行令第22条の2に盲・聾・養護学校において教育すべき者の心身の故障の程度が定められました。これらの法令改正にともない，1953年の「教育上特別な取扱を要する児童生徒の判別基準について」は失効することとなりました。さらに1962年10月には文部省初等中等教育局長通達「学校教育法および同法施行令の一部改正に伴う教育上特別な取扱いを要する児童・生徒の教育的措置について」が出され，重複障害のある子どもの教育的措置に関して，初めて公的文書に記述されました。

　以下，障害種ごとに養護学校の整備過程の特徴を概観します。

① 精神薄弱教育

　公立養護学校整備特別措置法が制定されたことにより，それまで小学校等の名称を冠していた精神薄弱児童生徒の学校が養護学校へと名称を変更しました。具体的に，1957年には東京都立青鳥中学校が青鳥養護学校となり，大阪市立思斉小・中学校と大分新生小・中学校はそれぞれ思斉養護学校と新生養護学校となりました。

　1959年中央教育審議会「特殊教育の充実振興についての答申」により，精神薄弱特殊学級は，市町村人口3万人以上の町村に設置基準を満たすように，3,916学級の特殊学級の増設計画が推進されました。また，1962年初等中等教育局長の通達「学校教育法および同法施行令の一部改正に伴う教育上特別な取扱いを要する児童・生徒の教育的措置について」によって，養護学校，特殊学級，就学猶予・免除などの各対象についての規定がなされました。これが規定されたことで，比較的障害の程度の重い児童生徒は養護学校に多く在学し，比較的障害の程度の軽い児童生徒は特殊学級に多く在学する傾向が次第に明瞭になっていきました。

②　肢体不自由教育

　肢体不自由養護学校の設置は，公立養護学校整備特別措置法の制定後，急速に進み，肢体不自由児施設内児童を対象とする「併設養護学校」，施設内児童に加えて家庭からの通学児をも対象とする「隣接養護学校」，肢体不自由児施設や病院と関係なしに単独に設けられた学校である「単独養護学校」がそれぞれ設置されていきました。肢体不自由養護学校のうち，併設養護学校と隣接養護学校が合わせて半数を超えることから，肢体不自由児施設の増加と養護学校の増加は密接な関係にあったことがわかります（全国肢体不自由養護学校長会，1969）。当初は肢体不自由養護学校の設置が全国的に見ると一都二府五県に限られた状況であったことから，文部大臣は1959年に「特殊教育の充実振興について」諮問し，その答申では肢体不自由者の教育について「早急に年次計画をもって，都道府県に養護学校の設置を義務づけ，所要の財政措置を講ずること」とされました。このような背景から，1960年度を初年度とする5か年計画により，1965年度までに全国どの都道府県にも，少なくとも1校の肢体不自由養護学校を設置させることがめざされました。そして，1969年に，滋賀県立養護学校の開設により，全国各都道府県設置が実現しました。

③　病弱・身体虚弱教育

　公立養護学校整備特別措置法の制定によって，従来の特殊学級あるいは小・中学校の分校が養護学校に発展していくものが漸次増加していきました。また，それまで判別基準には「身体虚弱」のみが位置づけられていましたが，1957年に判別基準に「病弱」が追加され，1957年以降は，判別基準に従って，病弱養護学校および特殊学級の設置が進められることとなりました（谷口，1999）。しかしながら実際には，結核および慢性疾患のため療養所等に収容されている児童生徒に対しては，特殊学級のままのところが多くみられました。そのような中で，病弱養護学校の設置が進んだ契機として，「教育者療友会」の陳情を受けた厚生省による文部省初等中等教育局長宛の依頼である，1957年11月の「国立療養所における入所児童の教育について」（医発第1000号）があげられます。その中には，教育機関が併設されていない療養所について，円滑に併設が推進さ

れるよう文部省に配慮を依頼した趣旨がありました。これを受け，1958 年 1 月に「国立療養所における入院児童の教育について」が通達され，小学校等の特殊学級および分校等からの改組が続いたとされています（深澤・竹田，2019）。

第 2 節　学習指導要領改訂の変遷

　学校の設置が進み，養護学校の在籍児童生徒が何をどのように学ぶのか，教育課程の基準に係る整備が求められることとなりました。

(1)　養護学校学習指導要領の制定

　盲学校および聾学校の学習指導要領小学部・中学部一般編は，それぞれ養護学校に先駆けて 1957 年 3 月に制定され，1957 年 4 月から実施されました。その後，1958 年の小学校および中学校の学習指導要領の改訂にともない，1964 年に盲学校および聾学校学習指導要領小学部編，1965 年に中学部編が文部省告示によりそれぞれ制定されました（第 4 章も参照）。

　養護学校については，1963 年に養護学校小学部・中学部学習指導要領精神薄弱教育編および養護学校小学部学習指導要領肢体不自由教育編ならびに病弱教育編が文部事務次官通達により制定され，翌 1964 年に，養護学校中学部学習指導要領肢体不自由教育編および病弱教育編が同じく文部事務通達により制定されました。特殊教育諸学校学習指導要領の特徴について，ここでは次の 2 点から述べます。

①　特別の訓練等の指導

　特殊教育諸学校の学習指導要領の特色として，安藤（2021）は次の 3 点をあげています。

- 今日に至る学習指導要領の形式（目次）を採用したこと。
- 盲学校，聾学校学習指導要領は，文部省告示とされたこと。
- 教科，その他の領域の種類，時間数（高等部は単位数）については，小学校，

　中学校または高等学校にほぼ準ずることとしたこと。

　1955 〜 1964 年は，盲学校，聾学校，肢体不自由養護学校および病弱養護学校に就学する子どもの多くは，精神薄弱等をあわせ有しない単一障害の者であったといえます。そのため，特殊教育諸学校の学習指導要領は，基本的に小学校等に準ずる教育を行うことを前提としていました。

　特殊教育諸学校では，在籍する子どもの障害の特性等に応じた特別の訓練等の指導を行っていました。先述の通り学習指導要領の形式を小学校等のものと揃える必要があったため，各学校における特別の訓練等の指導は，教科等に位置づけられることとなりました（第 8 章参照）。

②　精神薄弱教育の教育課程編成に関わる特徴

　戦後，精神薄弱特殊学級では，学業の遅進^{*1}などの課題を抱える多様な児童生徒が対象となっていたことから，学年を下げて各教科等の内容を学習する「水増し教育」が行われました。対象が精神薄弱児童生徒に限定されるようになり，その児童生徒の特殊性に着目した精神薄弱教育独自の教育課程や指導法を求められるようになりました。精神薄弱者の発達は健常児とは質的に異なるという立場がとられ，社会生活能力の育成が目的とされました。アメリカの経験主義教育思想に強く影響を受けながら，実生活に基づいた生活体験の経験化を意図した学習活動が立案・実施されていきました（米田，2009）。1959 年に文部省主催の特殊教育指導者養成講座において教育課程編成のための資料が作成されました。いわゆる「6 領域案」と言われるもので，教育内容を「生活」「情操」「健康」「生産」「言語」「数量」の 6 領域に分類したものです。1960 年，養護学校学習指導要領を作成するための委員会の設置により，6 領域案を含めた検討が行われました。その議論の過程では，精神薄弱教育の教育課程の本質に関わる次の 2 つの条件が確認されました。1 つは，各教科等による分類形式を採用しても，既存の各教科の概念にとらわれずに，精神薄弱教育にふさわしい教育内容を盛り込むこと，もう 1 つは，各教科等で教育内容を分類しても授業は教科別に進める必要はなく，各教科等の内容をあわせて行うことができることでし

＊1　遅進：知能が低いために学業成績がよくない状態をさす（田中ら，1965）などと定義されている。

た（文部省，1978）。

　このような議論を経て示された1963年の養護学校小学部・中学部学習指導要領精神薄弱教育編では，「各教科」「道徳」「特別教育活動」「学校行事等」の4つの領域が示されましたが，とくに注目すべきは，教育課程の編成に当たって教科を合わせたり領域の内容を統合したりすることができるという特例が設けられた点といえます（国立特別支援教育総合研究所，2006）。

(2)　特殊教育諸学校学習指導要領の改訂

　これら盲学校，聾学校，養護学校小学部・中学部の学習指導要領は，1968年の小学校学習指導要領の改訂と1969年の中学校学習指導要領の改訂にともない，さらに，在籍する児童・生徒の実態に即するために，1971年に文部省告示によりそれぞれ改訂されました。この改訂の特徴として，①教育目標の明記，②「養護・訓練」の新設，③教育課程の弾力的な編成の規定の3つをあげます。

①　教育目標の明記

　1963・1964年の養護学校学習指導要領において，教育目標については学校教育法に規定する小・中学校の教育目標に同じであることが示されています。1971年の改訂時に，盲学校，聾学校，養護学校の教育目標が盲学校，聾学校および養護学校（肢体不自由教育編・病弱教育論）小学部・中学部学習指導要領の第1章総則の第1「教育目標」に以下の通り，明記されました。

　　小学部及び中学部における教育については，学校教育法第71条に定める目的を実現するために，児童及び生徒の心身の障害の状態及び能力・適性等を十分考慮して，次に掲げる目標の達成に努めなければならない。
　　1　小学部においては，学校教育法第18条各号に掲げる教育目標。
　　2　中学部においては，学校教育法第36条各号に掲げる教育目標。
　　3　小学部及び中学部を通じ，視覚障害（聴覚障害，肢体不自由，病弱・身体虚弱）[*2]に基づく種々の困難を克服するために必要な知識，技能，態度および習慣を養うこと。

＊2　（　）内は筆者による補足。

養護学校小学部・中学部学習指導要領の精神薄弱教育編第1章総則の第1「教育目標」では，以下のように明記されています。

　小学部および中学部における教育については，学校教育法第71条に定める目的を実現するために，児童および生徒の精神発育の遅滞や社会適応の困難性をもつことなどを考慮して，次に掲げる目標の達成に努めなければならない。この場合において，それぞれの教育目標をじゅうぶん達成するための基盤となる基本的能力の伸長を図らなければならない。
　1　小学部においては，次に掲げる教育目標
　(1) 健康で明るい生活をするために必要な心身諸機能の調和的発達を図ること。
　(2) 日常生活に必要な基礎的な生活習慣を身につけ，進んで仕事をしようとする態度を養うこと。
　(3) 家庭生活や，学級，学校，地域社会における集団生活に参加する能力や態度を養うこと。
　(4) 身近な社会や自然についての関心や初歩的な知識をもたせ，社会生活に必要な技能を養うこと。
　(5) 日常生活に必要な国語や数量についての基礎的な知識をもたせ，それらを使用したり，処理したりする能力を養うこと。
　2　中学部においては，次に掲げる教育目標
　(1) 小学部における教育目標をなおじゅうぶんに達成すること。
　(2) 日常の経済生活についての関心を深め，将来の職業生活や家庭生活に必要な基礎的な知識と技能を身につけるとともに勤労を重んずる態度を養うこと。

　精神薄弱教育を除く4つの障害種（視覚障害・聴覚障害・肢体不自由・病弱）では，その内容を次の2つから捉えることができます。第一には学校教育法で定められた小学校，中学校の教育目標と同様の目標が掲げられたこと。第二には，障害に基づく種々の困難を克服するために必要な知識，技能，態度および習慣を養うことがめざされたことです。

② 「養護・訓練」の新設

　1971年の改訂において，小学校および中学校における教育課程の構成領域である各教科，道徳および特別活動のほかに，心身の障害に即した特別の指導領

域として，養護・訓練という新領域が設けられました（第 8 章参照）。

③　教育課程の弾力的な編成の規定

　特殊教育諸学校に在籍する児童生徒の障害が重度化，重複化する中で，児童生徒の障害の程度や，能力・適性などの多様化に対応するために，教育課程の弾力的な編成が行われるように規定されました。具体的には，第 1 章総則の第 2「教育課程一般」において示されているものです。ここでは肢体不自由教育編から抜粋して掲載します。

　5　肢体不自由以外に他の心身の障害をあわせ有する児童または生徒（以下「重複障害者」という。）については，次に示すところによることができる。
　(1) 各教科の目標および内容に関する事項の一部を，あわせ有する障害の種類に対応する養護学校（精神薄弱教育）小学部・中学部学習指導要領，養護学校（病弱教育）小学部・中学部学習指導要領，盲学校小学部・中学部学習指導要領または聾学校小学部・中学部学習指導要領に示す各教科の目標および内容に関する事項の一部によって代えること。
　(2) 重複障害者のうち，脳性まひ等の児童および生徒に係る各教科について。特に必要がある場合は，第 2 章第 1 節および第 2 節に示すところにかかわらず，第 2 章第 3 節（脳性まひ等の児童および生徒に係る各教科についての特例）に示すところによること。
　(3) 重複障害者のうち，学習が著しく困難な児童または生徒については，各教科，道徳および特別活動の目標および内容に関する事項の一部を欠き，養護・訓練を主として指導を行なうこと。

　1963 年の学習指導要領では，重度の障害児への教育課程編成上の対応は，第 1 章総則（第 1「教育課程の編成」の 3 特例）に，「重症脳性まひ児童のために特別に編成された学級や肢体不自由児施設等に入院治療中の児童については，実情に応じた特別な教育課程を編成し実施することができる」との記述にとどまりました。1971 年の学習指導要領においては，障害を 2 つ以上あわせ有する児童生徒は，あわせ有する障害の種類に対応する盲学校，聾学校，養護学校の指導要領に示す各教科の目標・内容に関する事項の一部を取り入れることができるように明記され，また，これらの児童生徒のうち学習が著しく困難な者につい

ては，各教科等の目標・内容を欠くなどして，養護・訓練を主として指導を行うことができることとされました。なお，肢体不自由教育編のみ（2）の脳性まひ等の児童および生徒に係る各教科に関する内容が加えられており，3項により構成されていますが，他の障害種は（1）の内容と（3）の内容の2項目によって示されています。

　このようにして，今日の特別支援学校学習指導要領の総則に規定する重複障害者等に関する教育課程の取扱いに通ずる規定が整備されたのです。

第3節　養護学校教育の義務化

(1)　養護学校教育義務制実施に至るまで

　養護学校の整備が進められ，いよいよ養護学校教育義務制の実施に向けて，整備がよりいっそう加速していきました。1979年の養護学校教育義務制実施に至るまでの学校数の変化については，図5-1からも読み取れるように，1971年以降，とくに精神薄弱養護学校の数が急激に増加していることに注目できます。1979年に養護学校教育の義務制が実施されるに至るまでの施策動向をみていきましょう。

　1965年以降になると，盲学校，聾学校，養護学校および特殊学級の在籍者が増加することにともない，児童生徒の障害の状態が重度化，重複化，多様化してくるようになりました。こうした状況を踏まえて，1969年に文部省の特殊教育総合研究調査協力者会議は「特殊教育の基本的な施策のあり方について（報告）」をまとめ，特殊教育の方向性を示しました。1971年には，中央教育審議会答申「今後における学校教育の総合的な拡充整備のための基本的施策について」において「特殊教育の積極的な拡充整備」が取り上げられました。この答申に沿って，特殊教育の振興を図るため，文部省は1972年度を初年度とする「特殊教育整備拡充計画」を策定し，特殊教育機関の整備を図りました。とくに養護学校については，義務制早期施行をめざして，養護学校整備7年計画を立てて整備を図ることとしました。この計画を実現するためには，1978年度まで

にすべての養護学校対象学齢児童生徒を就学させるべく，養護学校 243 校を新たに設置する必要がありました。それを見越して，1973 年「学校教育法中養護学校における就学義務及び養護学校の設置義務に関する部分の施行期日を定める政令」によって，1979 年度から養護学校教育の義務化が確定しました。

　整備に関する具体的施策として，養護学校未設置県の施設の新増築費補助率の増加や，教職員定数の充実等とともに，1974 年度から新たに「養護学校教育義務制等準備活動費補助」が位置づけられ，都道府県および市町村の教育委員会に「就学指導委員会」の設置を促し，そのための経費の一部を補助しました。養護学校の整備にともなう特殊教育の対象の拡大とともに，重度・重複障害児の教育が当面の課題となってきたことも注目されます。1973 年には「特殊教育の改善に関する調査研究会」が発足され，重度・重複障害児の教育について調査研究が実施されました。この研究会は，1975 年 3 月に「重度・重複障害児に対する学校教育の在り方について」を報告し，その中で重度・重複障害児についての規定がなされました。さらに 1978 年には，「軽度心身障害児に対する学校教育の在り方」について報告がなされ，①どのようにして教育措置を決定するか，②特殊学級と通常の学級との交流，専門の教師の巡回による指導など，多様な指導形態のいずれを指導内容との関連のもとに選択するかという 2 つの観点から構成されるなど，特殊教育の対象の拡大が注目されました。

　そして，1979 年度に養護学校教育の義務制が実現しました。また，同年より障害のため通学して教育を受けることが困難な盲学校，聾学校，養護学校小学部，中学部の児童生徒に対して，養護学校等の教員が家庭や医療機関等を訪問して教育を行う「訪問教育」が実施されることとなりました。こうして，どんなに障害が重い子どもにも教育が保障されることとなり，それまで障害を理由に就学猶予・免除になっていた者に就学の機会を提供することとなりました。

(2)　養護学校教育義務制後の特殊教育

①　盲学校，聾学校，養護学校在籍児童生徒の障害の重度化，重複化

　養護学校教育の義務制により，就学猶予・免除者が激減しました。このことは，盲学校，聾学校，養護学校在籍者の障害の重度化，重複化をさらに進める

ことになりました。特殊教育諸学校小学部・中学部における重複障害学級の設置について整理した安藤 (2021) によると, 重複障害学級の全学級に占める割合は, 1969 年度に約 5% 前後であったものが, 1979 年には養護学校で 30% を超え, 盲学校で 20% 台後半, 聾学校で 10% 台半ばまで増大したことが示されました。1980 年以降も増加の一途をたどり, 養護学校では半数近くまで占めることになりました。

② 1979 年・1989 年の学習指導要領の改訂

　1979 年の学習指導要領改訂では, それまで盲学校, 聾学校, 養護学校の種類ごとに作成されていた学習指導要領が「盲学校・聾学校及び養護学校小学部・中学部学習指導要領」「同高等部学習指導要領」として一本化されました。この改訂において, 知的障害教育も含め, 各障害共通の教育目標が設定されました。また, 児童生徒の障害の重度化, 重複化に対応できるようにするため, 重複障害者等に関する特例規定が設けられ, いっそう弾力的な教育課程が編成できるようにされました。さらに, それまで就学猶予や免除の対象であった重度の障害児に対応した改訂として, 障害のために通学して教育を受けることが困難な小中学部の児童生徒に対して, 教員を派遣して教育を行う訪問教育についての教育課程編成の特例が示されました。このほか, 養護学校教育の義務制実施に対応して, 盲学校, 聾学校, 養護学校の児童生徒と通常学校の児童生徒および地域社会の人々が活動を共にする機会を積極的に設けるように, 交流教育に関する規定も設置されました。

　1989 年は平成のはじめにあたりますが, 国際的な動向も含めて障害者を取り巻く社会環境が変化し, 幼児児童生徒の障害の多様化への対応が重要な課題とされていました。学習指導要領改訂においては, それまで幼稚園教育要領を準用することとされていた幼稚部に盲学校, 聾学校, 養護学校の教育要領を制定し, 幼稚部から高等部までの教育の調和と統一が図られるとともに, 早期教育がめざされました。このほかに養護・訓練に関して, それまで 4 つの「内容」と 3 つの「事項」から構成されていたものから, 5 つの「内容」と 18 の「項目」に変更されるなどの改訂がなされました。内容と項目の見直しは, 具体的

な指導事項を選定する際の観点が明確となるように示し方が工夫されました（安藤，2021）。

　養護学校教育の義務制以降，障害の重度・重複化や多様化への対応が積極的に講じられるようになり，障害の重い子どもに対する教育の保障という点で，日本は国際的にみても高い水準を確保することになりました。その後の特殊教育は，通常学校に在籍する子どもを含め，さらに多様な教育的ニーズへの対応が求められることになります。

【文　献】

安藤隆男（2021）．新たな時代における自立活動の創成と展開：個別の指導計画システムの構築を通して　教育出版
深澤美華恵・竹田一則（2019）．病弱教育の再建と発展および課題　中村満紀男（編著）　日本障害児教育史 戦後編　明石書店　pp. 221-235.
広瀬信雄（1994）．学習体験の場としての特殊学級：その歴史的発展と現代的課題　山梨大学教育学部附属教育実践研究指導センター研究紀要, 2, 144-150.
国立特別支援教育総合研究所（2006）．生活単元学習を実践する教師のためのガイドブック：「これまで」，そして「これから」：課題別研究（平成 16 年度〜平成 17 年度）B-198
文部科学省（2022）．特別支援教育資料（令和 3 年度）https://www.mext.go.jp/a_menu/shotou/tokubetu/material/1406456_00010.htm（2023 年 4 月 13 日閲覧）
文部省（1978）．特殊教育百年史　東洋館出版社
田中博正・辰野千寿・清水利信・阪本敬彦（1965）．学業不振児の心理学的研究　野間教育研究所紀要　第 23 集　講談社
谷口明子（1999）．日本における病弱教育の現状と課題　東京大学大学院教育学研究科紀要, 39, 293-300.
米田宏樹（2009）．日本における知的障害教育試行の帰結点としての生活教育：戦後初期の教育実践を中心に　障害科学研究, 33, 145-157.
全国肢体不自由養護学校長会（編）（1969）．肢体不自由教育の発展　日本肢体不自由児協会

Reflection
第1部　障害児教育の歴史・思想・制度のリフレクション

WORK　レポートを書こう！

　第1部では，欧米および日本における戦前・戦後の障害児教育の歴史・思想・制度について，5つの障害領域を包括して学びました。第1部の内容のうち，読者の皆さんが最も関心をもった事項に着目して，関連する書籍などを参考に研究レポートとして1000字程度でまとめましょう。レポートの形式は，次のとおりです。

　1）研究レポートのタイトル
　2）研究レポートの課題として取り上げた理由
　3）論の展開
　4）引用・参考文献

 POINT

・障害領域の特徴としてどのようなことが見出せるでしょうか。
・各章で取り上げられた事項を年表にまとめると整理しやすくなるでしょう。
・関連する視点として，障害児者に関わる医療や福祉の施策動向を知ることで考察を深めることができます。

 Work の取扱い方（例）
　第1部の授業回が終わるまでに受講者に対してレポート作成を課します。講義の途中あるいは最後に約40分の時間を設け，第1章から第5章まで発表者を選出し，それぞれ5分程度で発表します（約25分）。すべての発表終了後，ディスカッションを行います（約15分）。

教員を目指す学生の皆さんへのメッセージ
教員養成段階において
「歴史・制度」を学ぶことの意義とは

大学教員
河合　康

　障害児・者の歴史というと，差別，偏見，虐待，排除といった負の側面を明らかに
する文献が見られます。確かにそうした事実を認識する必要はありますが，負の歴史
を重ねてただ挙げ連ねても，現在の障害のある子どもに対する状況の改善にはつなが
りません。負の歴史の中でも，障害児・者に対する対応や施策を行った多くの先人た
ちの業績が今につながっているのです。

　多くの国で共通してみられるのは，障害児・者への対応は私的なかたちで始まり，そ
の後，公的なかたちに移行していく点です。日本の場合も，1878年に古河太四郎とい
う人物が私的なかたちとして京都盲唖院で教育を始めたのが始まりです。その後，障
害児・者への差別・偏見が大きかった明治時代から戦前においても，多くの人物が様々
な障害に対して，幾多の苦難や困難を乗り越えて教育・福祉的な対応を行い，歴史に
その名を刻んでいます。彼らの実践があってこそ，戦後の「特殊教育」の発展や現在
の「特別支援教育」があるということを忘れずに，彼らの業績をしっかりと学んでほ
しいと思います。

　障害児・者の制度として1947年の学校教育法で盲学校，聾学校，養護学校が学校
教育の一環として位置づけられましたが，その義務制は延期され，戦前に存在してい
た就学・猶予免除の規定が残され，この2つの問題を解消することが大きな課題とな
りました。1952年に文部省に特殊教育室が設けられて以降，様々な文書や報告が出
され，施策が進行し，1979年に養護学校教育が義務制になったことから，障害を理
由とした就学・猶予免除者が激減したのは画期的なことでした。

　その後も，多くの報告や文書が文部省や文部科学省から出され，2007年には「特
殊教育」から「特別支援教育」へと転換され，さらに「インクルーシブ教育」が推進
されるようになりました。このような流れの中での現在の到達点は，2023年3月に
「通常の学級に在籍する障害のある児童生徒への支援の在り方に関する検討会」で取
りまとめられた報告書に込められた内容です。みなさんは，現在の自分の立ち位置を
点として捉えるのではなく，先人や行政施策の長い歴史の延長線上にいるという（線
として捉える）認識を持ち，今後の特別支援教育の方向性を考えるためにも，ぜひ歴
史や制度の変遷を積極的に学んでください。

第 **II** 部

特別支援教育の
理念・制度

　　第II部では，特別支援教育の理念・制度について，大きく2つの内容を取り上げます。まず1つは，特別支援教育制度の成立背景・展開と特別支援教育の現状・課題に関する内容です。特殊教育から特別支援教育へと制度転換することのそもそもの意義や背景を探り，新たな制度設計の下ではどのような展開を行うものなのか，さらに，制度の始動から20年近くが経過しようする現在，特別支援教育はどのような現状と課題にあるのかについて，特別支援学校の教育と特別支援学級及び通級による指導に着目して概説します。もう1つは，特別支援学校教諭免許状コアカリキュラムで取り扱うとされた内容です。「特別支援教育の教育課程」「自立活動の歴史・理念」「個別の指導計画作成と授業の過程」はとても大切な要素となるため，それぞれ章を独立させて概説します。これらは，教育職員免許法施行規則第7条の第一欄科目の包括的な取扱いを，第二欄の関係科目（障害種別）の具体的な学びに橋渡しすることを意図しています。

　　ここでは特別支援教育において共通的なものを取り上げていますが，内容によっては障害教育領域によって取扱いに温度差があるものもあります。第10章の医療的ケアに関する課題はその一例といえるでしょう。特別支援教育全般においては依然マイナーな課題である医療的ケアは，教育学，医学，法律学，社会学的な視点からはきわめて重要な概念を含みます。このような異なる領域からの視点にも意識を向けながら，学びを深めてほしいと思います。

特殊教育から特別支援教育への制度転換

　2007 年より特別支援教育制度が開始されました。本章では 1979 年の養護学校教育の義務化以降の特殊教育制度の変遷について概観するとともに，特別支援教育制度の概要について解説します。

第 I 節　養護学校義務化以後の特殊教育

(I)　児童生徒の障害の重度・重複化

　1979 年の養護学校教育の義務化以後，これまで就学猶予や就学免除となっていた障害の重度な児童生徒が就学するようになってきました。表 6-1 に示すように，1989 年度に小中学部合わせて 6,369 人（38.0%）であった重複障害学級在籍者は，特別支援教育制度が開始された 2007 年度には 9,313 人（42.5%）まで漸増しました。この間，少子化により小・中学校の通常の学級の在籍者が減少した一方で，盲・聾・養護学校の在籍者数は増加していますが，それ以上に重複障害学級在籍者の増加の割合が高くなったことがわかります。また，第 5 章でも説明したように，1979 年の学習指導要領改訂により通学して教育を受けることが困難な児童生徒に対して小学部と中学部で訪問教育が始まりました。2000年からは高等部でも訪問教育が開始されています。

　在籍児童生徒の障害の重度・重複化にともない，日常的に「医療的ケア」を必要とする児童生徒への対応が課題となりました。1990 年前後より，東京や横浜，大阪といった大都市圏を中心に医療的ケアに関する先駆的取り組みや検討委員会の設置が始まりました。1998 年には，文部省が「特殊教育における福祉・医療との連携に関する実践研究」を実施しています（2002 年まで）。

表6-1　重複障害学級在籍者数の推移（1989年度から2007年度）

年度	重複障害児童生徒数 （小・中学部）（人）	小・中学部児童生徒 数（人）	重複障害学級在籍率 （％）
1989	6,369	21,555	38.0
1990	6,742	20,926	38.3
1991	7,434	19,521	36.8
1992	7,866	21,115	40.8
1993	8,083	21,494	42.6
1994	8,183	21,664	43.2
1995	8,262	21,695	43.8
1996	8,287	21,683	44.1
1997	8,393	21,867	44.9
1998	8,409	21,989	45.2
1999	8,447	22,137	45.2
2000	8,506	22,194	45.1
2001	8,575	22,438	44.6
2002	8,460	22,176	43.4
2003	8,630	22,608	43.5
2004	8,716	22,841	43.3
2005	8,875	23,422	43.1
2006	9,126	24,092	42.8
2007	9,313	24,785	42.5

出所：文部科学省（2009）をもとに筆者作成。

(2) 通常学校における特殊教育

　1992年，「通級による指導に関する充実方策について（審議のまとめ）」（通級学級に関する調査研究協力者会議，1992）が出されました。それまで通常学校における特殊教育は，「特殊学級に籍を置き大半の指導を特殊学級で受ける」という形で整備されてきましたが，言語障害や難聴，弱視，情緒障害児では「通常の学級で指導の大半を受ける」状況にあることが明らかとなりました。また，知的障害がなく特定の技能に落ち込みを見せる学習障害（LD）児の存在が教育上重要な課題となっていました。そこで，「通常の学級で指導の大半を受け，心身の障害の状態等に応じた特別の指導を特殊学級等で受ける」という形を「通級」とし，通級による指導を充実させることが必要であると提言しました。翌1993

年には学校教育法施行規則の一部改正[*1]が行われ，通級による指導が制度化され
ました。

　学習障害児に対する指導については，1992年に「学習障害及びこれに類する
学習上の困難を有する児童生徒の指導方法に関する調査研究協力者会議」が設
けられ，1999年に「学習障害児に対する指導について（報告）」がまとめられま
した。この報告書では，学習障害の定義が「全般的な知的発達に遅れはないが，
聞く，話す，読む，書く，計算する，推論するなどの特定の能力の習得と使用
に著しい困難を示す，様々な障害を指すものである」と定められ，その指導と
しては通常の学級で担任による配慮あるいはティーム・ティーチングによる指
導，通級による指導と，あわせて専門家による巡回指導が想定されました（学
習障害及びこれに類似する学習上の困難を有する児童生徒の指導方法に関する調査研究協
力者会議, 1999）。小学校等における特殊教育の充実だけでなく，外部専門家の
活用が重要であると示されたわけです。

(3)　特別支援教育制度の提言

　盲学校・聾学校・養護学校および小学校等が，ともに特殊教育に関わる新た
な課題に直面する中で，2000年代に入ると特殊教育に関わる報告や答申が相次
いで出されました。これらの報告等では，特殊教育の対象となる障害の拡大，従
来の障害種別に特別の場で実施する教育から個々の児童生徒の特別な支援の
ニーズに応じた教育を展開する必要性が提言されました。ここでは，3つの報
告および答申について概要を説明します。

①　21世紀の特殊教育の在り方について（最終報告）

　2001年の「21世紀の特殊教育の在り方について（最終報告）」では，「特別な
教育的支援を必要とする児童生徒への対応の充実」「就学指導の在り方の見直
し」が提言されました。「特別な教育的支援を必要とする児童生徒への対応の充
実」としては，在籍児童生徒の障害の重度・重複化が進む養護学校において福

---

*1　学校教育法施行規則第140条の規定による特別の教育課程について定める件（平成5年文部省告
　示第7号）。

社，医療，労働等の関係機関と連携しながら地域の状況や児童生徒等の実態等に応じた教育活動を展開する必要があると提言しています。また，小学校等においては従来特殊教育の対象となっていなかった，学習障害（LD）児や注意欠陥多動性障害（ADHD）児，高機能自閉症（HFA）児等の通常の学級に在籍する障害のある児童生徒に対する指導の充実が求められました。また，通常学校における特殊教育の推進のため，盲・聾・養護学校に対して地域のセンター的役割を果たすことも求められました。

「就学指導の在り方の見直し」については，医療や社会のノーマライゼーションの進展といった特殊教育をめぐる状況の変化，児童生徒の特別な教育的ニーズを把握し必要な教育的支援を行うために就学指導の在り方を改善することが必要とされました。障害のある児童生徒一人ひとりが学校卒業後に地域の中で自立し，社会参加を果たしていくために，乳幼児期から学校卒業後まで学校をはじめとする関係機関が連携協働し，障害のある子どもおよびその保護者等に対する相談と支援を行うための一貫した体制を整備していくことが必要であると提言されました。また，保護者が意見表明をする機会の確保を含めた相談支援体制の整備，障害の種類や程度のみならず小・中学校の施設・設備等の状況を総合的に判断して就学先を決定することが提言されました。

② 今後の特別支援教育の在り方について（最終報告）

2003年の「今後の特別支援教育の在り方について（最終報告）」では，2001年の最終報告を踏まえ，特殊教育の課題として，養護学校においては重度・重複障害のある児童生徒が増加していること，通常学校においてはLD，ADHD等の発達障害児への対応が指摘されました。その上で，障害のある児童生徒の教育について対象児童生徒数の量的な拡大傾向や，対象となる障害種の多様化による質的な複雑化も進行していることを受け，障害の程度等に応じ特別の場で

＊2　2007年，文部科学省は「発達障害」の用語の使用について，発達障害者支援法の定義による「発達障害」の表記（自閉症，アスペルガー症候群その他の広汎性発達障害，学習障害，注意欠陥多動性障害その他これに類する脳機能の障害）に変更した。なお，診断名としては，アメリカ精神医学会による診断マニュアルDSMに従って表記されることが多い（DSM5-TRでは，限局性学習症（LD），注意欠如多動症（ADHD），自閉スペクトラム症（ASD）等とされている）。

指導を行う「特殊教育」から障害のある児童生徒一人ひとりの教育的ニーズに応じて適切な教育的支援を行う「特別支援教育」への転換を図ることを提言しました。

③　特別支援教育を推進するための制度の在り方について

　2005年に中央教育審議会から出された「特別支援教育を推進するための制度の在り方について（答申）」では，上記の2報告を受けて，具体的な制度として「盲・聾・養護学校制度の見直し」「小・中学校における制度的見直し」「教員免許制度の見直し」の3点について見直しを提言しました。

　第一に，「盲・聾・養護学校制度の見直し」です。盲・聾・養護学校は在籍児童生徒の障害の重度・重複化が進行していて，1つの学校で複数の障害に対応する必要があることなどを踏まえ，障害種別を超えた学校制度として「特別支援学校（仮称）」へ一本化することが適当であるとしました。また，この特別支援学校（仮称）は地域において特別支援教育を推進する体制を構築する上で中核的な役割を担うことが大切であるとし，教育上の高い専門性を生かしながら地域の小・中学校を積極的に支援していく地域のセンター的役割を担うことを規定すべきとし，センター的役割を担う分掌や組織を位置づけることが重要であると提言しました。

　第二に「小・中学校における制度的見直し」です。小・中学校における特殊教育は主として特殊学級等において行われていましたが，LDやADHD，高機能自閉症等の児童生徒が通常の学級にも在籍していることを踏まえて，学校全体の課題として取り組んでいくことが必要であるとしました。その際，特別支援学校（仮称）のセンター的機能を積極的に活用し，連携協力を推進していくことを提言しました。また，通級による指導の対象となる障害にLDやADHD，高機能自閉症を加えること，特殊学級在籍児童生徒が通常の学級で学ぶ機会を適切に設けるように弾力的な運用を認めることとしました。

　第三に「教員免許制度の見直し」です。これまで特殊学校教員免許状は学校種別に分けられていましたが，これを「特別支援学校教諭免許状（仮称）」に一本化し，従来の障害種別の専門性を領域として担保しつつ，すべての障害種別

に共通する基礎的知識・指導方法を身につけることに加えて，LD・ADHD・高機能自閉症等の児童生徒に関する知識の習得も求めることとしました。また，通常学校における特別支援教育の推進のため，特殊学級や通級による指導を担当する教員も含めた現職教員の特別支援学校教諭免許状（仮称）の取得促進が提言されました。

第2節　特別支援教育への制度転換

(1)　特別支援教育制度

　2007年4月1日付けで文部科学省より「特別支援教育の推進について（通知）」が出され，いよいよ特別支援教育制度が開始されました。同通知では，特別支援教育の理念が下記のように明示されました。

　障害のある幼児児童生徒の自立や社会参加に向けた主体的な取組を支援するという視点に立ち，幼児児童生徒一人一人の教育的ニーズを把握し，その持てる力を高め，生活や学習上の困難を改善又は克服するため，適切な指導及び必要な支援を行うものである。

　また，「これまでの特殊教育の対象の障害だけでなく，知的な遅れのない発達障害も含めて，特別な支援を必要とする幼児児童生徒が在籍する全ての学校において実施されるものである」こと，「障害のある幼児児童生徒への教育にとどまらず，障害の有無やその他の個々の違いを認識しつつ様々な人々が生き生きと活躍できる共生社会の形成の基礎となるものであり，我が国の現在及び将来の社会にとって重要な意味を持っている」とされました（文部科学省，2007）。図6-1に示したように，特殊学級や特殊教育諸学校，通級指導に加えて通常の学級に在籍するLD・ADHD・高機能自閉症等の児童生徒も特別支援教育の対象となりました。これにより，特別支援教育はその対象障害も，場も，対象児童生徒数も大きく拡張されることとなりました。

　特別支援教育を行うための体制整備や必要な取り組みとして，「特別支援教育

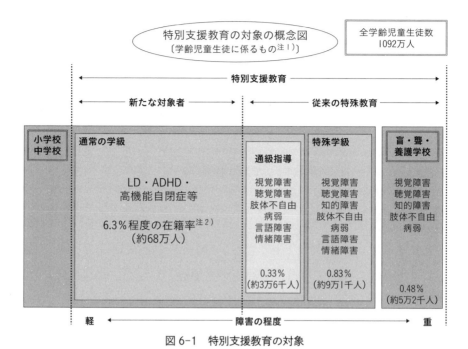

図6-1　特別支援教育の対象

注1）この図に示した学齢（6歳～15歳）の児童生徒のほか，就学前の幼児や高等学校に在籍する生徒で何らかの
　　障害を有する者についても，特別支援教育の対象である。
注2）この数字は，担任教師に対して行った調査に対する回答に基づくものであり，医師の診断によるものでない。
出所：中央教育審議会（2005）。　　　　　　　　　　　　　　　　（数値は2004（平成16）年5月1日現在）

に関する校内委員会の設置」「的確な実態把握」「特別支援教育コーディネーター
の指名」「関係機関との連携による『個別の教育支援計画』の策定と活用」「『個
別の指導計画』の作成」「教員の専門性の向上」が掲げられました。とくに，特
別支援学校については特別支援教育の中核的な役割を果たす機関として「特別
支援教育のさらなる推進（従来の専門性の深化）」「地域における特別支援教育の
センター的機能」「特別支援学校教員の専門性の向上」が規定されました。

(2)　特別支援教育を支える法制度

　「特別支援教育の推進について（通知）」に先立ち，2006 年 6 月学校教育法等の一部を改正する法律[*3]が成立し，2007 年 4 月 1 日より施行されました。ここでは，同法律において第 1 節で指摘された特別支援教育に関わる提言がどのように反映されたのかをみていきたいと思います。

①　盲・聾・養護学校制度の見直し

　学校教育法第 1 条において盲学校・聾学校・養護学校は「特別支援学校」へと一本化されました。あわせて，条文中の名称もすべて特別支援学校[*4]へと変更になりました。

　学校教育法第 71 条[*5]において，特別支援教育の目的は「特別支援学校は，視覚障害者，聴覚障害者，知的障害者，肢体不自由者又は病弱者（身体虚弱者を含む。以下同じ。）に対して，幼稚園，小学校，中学校又は高等学校に準ずる教育を施すとともに，障害による学習上又は生活上の困難を克服し自立を図るために必要な知識技能を授けること」とされました。また，第 71 条の 3[*6]において「特別支援学校においては，第 71 条の目的を実現するための教育を行うほか，幼稚園，小学校，中学校，高等学校又は中等教育学校の要請に応じて，第 75 条第 1 項に規定する児童，生徒又は幼児の教育に関し必要な助言又は援助を行うよう努めるものとする」と，特別支援学校のセンター的機能として地域支援が法的に位

＊3　平成 18 年法律第 80 号。

＊4　学校名について，2005 年の「特別支援教育を推進するための制度の在り方について（答申）」では，これまでの各障害種別における専門的指導の蓄積や，私立の学校が建学の精神に基づく特色ある教育活動を展開していることなども踏まえて，主として特定の障害に対応する特別支援学校の場合，引き続き「盲学校」「聾学校」または「養護学校」と称することができるよう検討することが適当であるとされた。それを受け，2006 年の 7 月に出された「特別支援教育の推進のための学校教育法等の一部改正について（通知）」（平 18 文科初第 446 号）では，特定の障害種別に対応した教育を専ら行う特別支援学校の場合は，「盲学校」「聾学校」または「養護学校」の名称を用いることも可能であることの通知が出された。そのため，制度上は「特別支援学校」に一本化されたが，引き続き「盲学校」「聾学校」「養護学校」の名称も使われている。

＊5　学校教育法第 71 条は，2007（平成 19）年に公布された学校教育法等の一部を改正する法律（平成 19 年法律第 96 号）により第 71 条から第 72 条へと移行した。

＊6　平成 19 年法律第 96 号により第 71 条の 3 から第 74 条へと移行するとともに，第 75 条第 1 項特別支援学級に関する規定は第 81 条第 1 項へと移行した。

置づけられました。

② 小・中学校における制度的見直し

　小・中学校等においては，LD・ADHD等を含む障害のある児童生徒等に対して適切な教育を行うことが規定されました。具体的には学校教育法第75条第1項^{*7}において，特別支援学級について「幼稚園，小学校，中学校，高等学校及び中等教育学校においては，次項各号のいずれかに該当する幼児，児童及び生徒その他教育上特別の支援を必要とする幼児，児童及び生徒に対し，文部科学大臣の定めるところにより，障害による学習上又は生活上の困難を克服するための教育を行うものとする」と規定されました。

　また，通級による指導については，学校教育法の改正に先立ち2006年3月31日に学校教育法施行規則の一部を改正する省令^{*8}が公布され，指導の対象にLD，ADHDが加えられました。

③ 教員免許制度の見直し

　教育職員免許法が改正され，「特別支援教育を推進するための制度の在り方について」（答申）で提言された通り，学校種ごとに定められていた教員免許状が特別支援学校教諭免許状に一本化され，従来の障害については免許領域として5領域（視覚障害・聴覚障害・知的障害・肢体不自由・病弱）が設定されました。各免許で共通して特別支援教育の基礎理論（第一欄），当該領域外の内容として重複障害・LD・ADHD等に関する科目（第三欄），特別支援教育実習（第四欄）が設定され（合計10単位），第二欄では5領域の専門性に関する心理，生理および病理に関する科目，教育課程および指導法に関する科目を16単位の計26単位が特別支援学校教諭一種免許状の最低履修単位として定められました。

＊7　平成23年法律第90号により第14条から第16条へと移行した。
＊8　平成18年文部科学省令第22号。

第 3 節　障害のある児童生徒への支援の充実

　第 1 節で紹介した通り，特別支援教育制度への転換を求めた 3 つの報告等では，障害のある児童生徒の学校卒業後の自立や社会参加に向けて，乳幼児期から学校卒業後まで一貫した相談支援体制の整備により切れ目のない支援を充実させていくことが提言されました。本節では切れ目のない支援の充実という観点から「就学手続きの見直し」「交流及び共同学習の推進」「個別の教育支援計画」の 3 点について関連する法令等も交えて解説します。

(1)　就学手続きの見直し

　障害のある児童生徒の就学指導については，2000 年 4 月 1 日に施行された「地方分権の推進を図るための関係法律の整備等に関する法律」（地方分権一括法）[*9]により，教育委員会の判断と責任で行うこととなりました。同法を受け，2001 年の「21 世紀の特殊教育の在り方について（最終報告）」では就学指導に関わる手続きと基準の明確化の必要性が明言されました。具体的には，保護者等の求めに応じて専門家の意見を聞く機会を提供したり，子ども本人が体験授業を受けられる機会を設ける等の工夫により，保護者等への情報の提供に努めるとともに，保護者等が意見表明する機会を設けるなどの取り組みを行うことの必要性が指摘されました。加えて，医療技術が進展していること，施設設備のバリアフリーが整っている学校もあることから，市町村教育委員会が総合的な観点から就学判断を行うことを求めました。

　同報告を受け，2002 年には学校教育法施行令の一部を改正する政令[*10]が公布され，就学基準および就学の手続きが見直されました。障害のある児童生徒一人ひとりの特別な教育的ニーズに応じた適切な教育が行われるように盲・聾・養護学校に就学すべき障害の程度（就学基準）が見直されました（学校教育法施行令第 22 条の 3）。また，図 6-2 に示すように，盲・聾・養護学校に就学すべき障害の程度であったとしても，障害の状態や就学予定先の小・中学校において環境

＊ 9　平成 11 年法律第 87 号。
＊ 10　平成 14 年政令第 163 号。

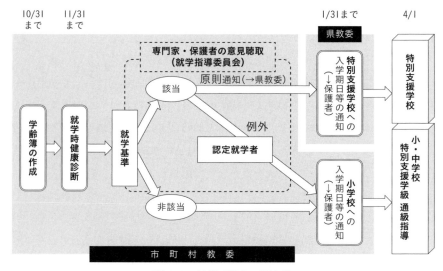

図 6-2 就学手続きの弾力化

出所：文部科学省（2013b）。

が整備されているなど，小・中学校において適切な教育を受けることができる
事情があると市町村教育委員会が判断した場合には，小・中学校への就学を認
めることができるように就学手続きを弾力化しました。この手続きを経て，小・
中学校に就学する児童生徒のことを「認定就学者」といいます。例えば，2012
年度に「認定就学者」とされた児童生徒は 20,097 名おり，そのうちの約 90％が
特別支援学級に在籍していました（文部科学省，2013a）。

　なお，障害のある児童生徒の就学のあり方については，2003 年の「今後の特
別支援教育の在り方について（最終報告）」において，就学後の継続した相談支
援の必要性が指摘されました。2005 年の「特別支援教育を推進するための制度
の在り方について」では，就学の在り方について「就学指導委員会の構成，開
催方法等」「児童生徒本人及び保護者の意向を就学先に反映させること」「就学
前からの一貫した教育相談の在り方」「個別の支援計画の活用」等について引き
続き検討，見直しを行うことを求めています。特別支援教育制度転換後には，
2012 年の「共生社会の形成に向けたインクルーシブ教育システム構築のための
特別支援教育の推進（報告）」において，これまで障害のある児童生徒の就学先

決定のために設置されていた就学指導委員会について，就学先決定だけでなく就学前から就学後も含めた継続した支援についても助言を行うことが適当であり，そのような観点から「教育支援委員会（仮称）」といった名称とすることが適当であると提言しました。これを受け，2013年には就学基準および就学手続きが再度改正されました。[11] 現在では「認定就学者」という呼び名は存在せず，学校教育法施行令第22条の3の就学基準を満たし，特別支援学校に就学した児童生徒のことを「認定特別支援学校就学者」と言うようになっています。

(2)　交流及び共同学習の推進

2004年に障害者基本法が改正されました。[12] この改正の趣旨は，以下となっています。

　　最近の障害者を取り巻く社会経済情勢の変化等に対応し，障害者の自立と社会参加の一層の促進を図るため，基本的理念として障害者に対して障害を理由として差別その他の権利利益を侵害する行為をしてはならない旨を規定し，都道府県及び市町村に障害者のための施策に関する基本的な計画の策定を義務付け，中央障害者施策推進協議会を創設する等の改正を行うものとすること。

この改正障害者基本法第14条第3項では，「国及び地方公共団体は，障害のある児童及び生徒と障害のない児童及び生徒との交流及び共同学習を積極的に進めることによって，その相互理解を促進しなければならない」と，交流及び共同学習を障害のある児童生徒とない児童生徒との相互理解の場として推進していくことが明記されました。

1998年に改訂された小学校学習指導要領の総則の第5「指導計画の作成にあたって配慮すべき事項（11）」においては，「小学校間や幼稚園，中学校，盲学校，聾学校及び養護学校などとの間の連携や交流を図るとともに，障害のある幼児児童生徒や高齢者などとの交流の機会を設けること」とされており，交流学習の必要性は記載されていましたが，2004年の改正障害者基本法はさらに一歩踏み込んだ形での規定となりました。2019年3月には文部科学省の「交流及

＊11　平成25年政令第244号。
＊12　平成16年法律第80号。

び共同学習ガイド」が改訂され，交流及び共同学習について「経験を深め，社会性を養い，豊かな人間性を育むとともに，お互いを尊重し合う大切さを学ぶ機会となるなど，大きな意義を有する」とし，「相互の触れ合いを通じて豊かな人間性を育むことを目的とする交流の側面と，教科等のねらいの達成を目的とする共同学習の側面があり，この2つの側面を分かちがたいものとして捉え，推進していく必要がある」とその重要性を指摘しています（文部科学省，2019）。

(3) 個別の教育支援計画

2002年に閣議決定された障害者基本計画の「重点施策実施5か年計画」において，一貫した相談支援体制の整備のため，特別支援学校（当時は盲・聾・養護学校）において2005年度までに個別の支援計画を作成することが定められました。個別の支援計画とは，乳幼児期から学校卒業後までの長期的な視点に立って，医療，保健，福祉，教育，労働等の関係機関が連携して，障害のある子ども一人ひとりのニーズに対応した支援を効果的に実施するための計画です。図6-3に示すように，個別の支援計画は障害のある児童生徒に一貫した支援を行っていくための支援計画となりますが，このうち就学段階において学校が作成するものを「個別の教育支援計画」と呼ぶこととなりました。すなわち，個別の教育支援計画は，個別の支援計画の一部を形成するといえます。2003年の「今後の特別支援教育の在り方について（最終報告）」では，学校や関係機関が一体となって乳幼児期から学校卒業後まで児童生徒本人および保護者に対して一貫した相談および支援を行う体制をとっていく上で，個別の教育支援計画を作成することを積極的に検討するよう提言しています。

2008年に中央教育審議会から出された「幼稚園，小学校，中学校，高等学校及び特別支援学校の学習指導要領等の改善について（答申）」では，特別支援学校において「個別の教育支援計画」を作成すること，その際には関係機関との連携が重要であること，小学校等の通常の学級に在籍する障害のある子どもに対しては，必要に応じて個別の指導計画の作成や個別の教育支援計画の策定を行うことが盛り込まれました。個別の教育支援計画となったのは，個別の支援計画自体は障害のある児童生徒が利用する社会福祉施設等においても作成され

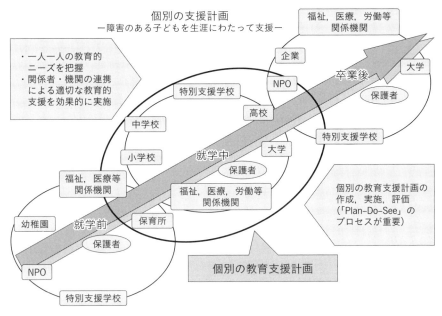

図 6-3　個別の支援計画と個別の教育支援計画

出所：特別支援教育総合研究所（2006）をもとに作成。

ること，学校が主体となって作成するため教育の観点が欠かせない，といった理由からになります。

　また，現行の学習指導要領では特別支援学級在籍児童生徒，通級による指導の対象となる児童生徒にも個別の教育支援計画を作成すること，通級による指導を受けていない通常の学級に在籍する障害のある児童生徒については，「家庭及び地域や医療，福祉，保健，労働等の業務を行う関係機関との連携を図り，長期的な視点で児童又は生徒への教育的支援を行うために，個別の教育支援計画を作成すること」（文部科学省，2017）と定められています。

　なお，個別の教育支援計画と似た名称の計画に「個別の指導計画」があります。これは自立活動の指導計画であり，個別の教育支援計画と重複する部分はありますが，目的を異にする計画です。個別の指導計画については，第 8 章および第 9 章で詳しく扱います。

【文　献】

American Psychiatric Association（2022）. *Diagnostic and statistical manual of mental disorders*（*5th ed., Text Revision*）. American Psychiatric Association Publishing.（日本精神神経学会（日本語版用語監修）高橋三郎・大野　裕（監訳）（2023）. DSM-5-TR　精神疾患の診断・統計マニュアル　医学書院）
中央教育審議会（2005）. 特別支援教育を推進するための制度の在り方について（答申）
中央教育審議会（2008）. 幼稚園，小学校，中学校，高等学校及び特別支援学校の学習指導要領等の改善について（答申）
学習障害及びこれに類似する学習上の困難を有する児童生徒の指導方法に関する調査研究協力者会議（1999）. 学習障害児に対する指導について（報告）
今後の特別支援教育の在り方に関する調査研究協力者会議（2003）. 今後の特別支援教育の在り方について（最終報告）
文部科学省（2007）. 特別支援教育の推進について（通知）（19文科初第125号）　https://www.mext.go.jp/b_menu/hakusho/nc/07050101/001.pdf（2022年12月19日閲覧）
文部科学省（2009）. 特別支援教育資料（平成20年度）
文部科学省（2013a）. 特別支援教育資料（平成24年度）
文部科学省（2013b）. 教育支援資料
文部科学省（2017）. 小学校学習指導要領
文部科学省（2019）. 交流及び共同学習ガイド　https://www.mext.go.jp/a_menu/shotou/tokubetu/__icsFiles/afieldfile/2019/04/11/1413898_01.pdf（2023年7月20日閲覧）
21世紀の特殊教育の在り方に関する調査研究協力者会議（2001）. 21世紀の特殊教育の在り方について（最終報告）
特別支援教育の在り方に関する特別委員会（2012）. 共生社会の形成に向けたインクルーシブ教育システム構築のための特別支援教育の推進（報告）　https://www.mext.go.jp/b_menu/shingi/chukyo/chukyo3/044/houkoku/1321667.htm（2023年7月20日閲覧）
特別支援教育総合研究所（2006）. 「個別の教育支援計画」の策定に関する実際的研究
通級学級に関する調査研究協力者会議（1992）. 通級による指導に関する充実方策について（審議まとめ）

特別支援教育の教育課程

　みなさんは，小学校等の教員免許状取得に関わる教職科目の履修を通して，教育課程について学びます。では，なぜ，特別支援学校教諭免許状取得に際し，改めて教育課程について学ぶのでしょうか。本章では，教職科目の学修事項の一部を確認しながら，特別支援学校の教育課程に関わる特別な事項について解説します。

第1節　教育課程の定義と関連法令

(1)　教育課程とカリキュラム

① 教育課程とは

　特別支援学校教育要領・学習指導要領解説の総則編（幼稚部・小学部・中学部）によれば，教育課程は，「学校教育の目的や目標を達成するために，教育の内容を児童生徒の心身の発達に応じ，授業時数との関連において総合的に組織した各学校の教育計画」と定義されます（文部科学省，2018）。学校教育の目的や目標は，教育基本法に定められています。これを受けて，学校教育法に義務教育の目標，小学校教育・中学校教育の目的，高等学校教育・幼稚園教育の目的と目標が示されます。特別支援学校については，教育の目的は学校教育法に，目標は特別支援学校学習指導要領に示されます（表7-1参照）。

　各学校は，これらを踏まえ自校の教育目標やめざす子ども像を具体化します。そして，その達成に向けて，いずれの教育内容をどれだけの授業時数でもって指導するのかを検討し，学校として編成した全体計画が教育課程です。

② カリキュラムとは

　カリキュラムの概念は，狭義には，「教育目的の効率的な達成に向けて組織さ

表 7-1 学校教育の目的や目標およびそれに関する法令・条例

定められる内容	法令名	該当する条例
学校教育の目的や目標	教育基本法	第 1 条 教育の目的, 第 2 条 教育の目標, 第 5 条 義務教育の目的
義務教育の目標	学校教育法	第 21 条
小学校教育の目的		第 29 条
中学校教育の目的		第 45 条
高等学校教育の目的と目標		第 50 条,第 51 条
幼稚園教育の目的と目標		第 22 条,第 23 条
特別支援学校の教育の目的		第 72 条
特別支援学校の教育の目標	特別支援学校学習指導要領	

れる教育計画」と捉えられます（辰野，2005）。これは「顕在的カリキュラム」とされ，学習指導要領に基づき各学校が編成する教育課程が相当します。広義には，「学校教育における児童生徒の学習経験の総体」として捉えられ，「顕在的カリキュラム」のほか，教師が無意識のうちに伝達し，子どもが無自覚に学習する価値や規範等の「隠れたカリキュラム」を含むものとされます（日本カリキュラム学会，2005）。

(2) 教育課程編成の基準と実際

① 教育課程編成の基準

　教育課程を構成する教育内容や授業時数は，学校教育法施行規則に規定されます。教育内容には，各教科や特別活動等がありますが，それぞれの教育内容の具体的な目標や内容については，学習指導要領に示されます。

　学習指導要領が初めて改訂された 1951 年以降，学習指導要領は約 10 年ごとに改訂が重ねられてきました（表 7-2）。学校教育の現状や学校を取り巻く社会の変化，子どもが生きるこれからの時代等を踏まえながら，改善すべき事項について検討した結果が反映されてきました。

② 小学校等における教育課程編成の実際

　小学校や中学校で編成される教育課程は，地域や学校による違いがほぼあり

表 7-2　学習指導要領改訂の変遷（小学校および特殊教育諸学校・特別支援学校小学部を中心に）

小学校学習指導要領		特殊教育諸学校・特別支援学校の学習指導要領	
1947 年 （昭和 22 年）	教師のための手引きとしての「試案」，経験主義的なカリキュラムを採用		
1951 年 （昭和 26 年）	「教科課程」を「教育課程」に	1957 年 （昭和 32 年）	○盲学校および聾学校学習指導要領小学部・中学部一般編
1958 年 （昭和 33 年）	教育課程の国家的基準として法的拘束力をもつことを明確化（文部省「告示」），系統的な学習の重視，道徳の時間の新設	1963 年 （昭和 38 年） 1962 年 （昭和 37 年） 〜 1964 年 （昭和 39 年）	○養護学校小学部・中学部学習指導要領（精神薄弱教育編／肢体不自由教育編／病弱教育編） ○盲学校および聾学校学習指導要領小学部・中学部小学部編 障害の特性等に応じた特別の訓練等の指導 精神薄弱養護学校の各教科を明示
1968 年 （昭和 43 年）	教育内容の現代化	1971 年 （昭和 46 年）	○特殊教育諸学校小学部・中学部学習指導要領 ※学校種別 養護・訓練の創設，「特例」
1977 年 （昭和 52 年）	学習負担の適正化，「ゆとりの時間」の新設	1979 年 （昭和 54 年）	○盲学校，聾学校及び養護学校小学部・中学部学習指導要領 学校種別だった学習指導要領を一本化，交流教育の促進
1989 年 （平成元年）	「新しい学力観」，生活科の新設	1989 年 （平成元年）	養護・訓練の内容の見直し
1998 年 （平成 10 年）	「生きる力」の育成，「総合的な学習の時間」の新設	1999 年 （平成 11 年）	養護・訓練を自立活動に改訂，個別の指導計画の作成を義務化，自立活動の内容を見直し
2008 年 （平成 20 年）	「確かな学力」，授業時数の増加，外国語活動の導入	2009 年 （平成 21 年）	自立活動の目標・内容の見直し（学校教育法第 72 条の改正を踏まえ，目標の「障害に基づく種々の困難」を「障害による学習上又は生活上の困難」に。内容に「人間関係の形成」を新設）
2017 年 （平成 29 年）	資質・能力の三つの柱，外国語科の新設，カリキュラム・マネジメントの推進	2017 年 （平成 29 年）	「重複障害者等に関する教育課程の取扱い」の改訂（特別支援学校（知的障害）で小学校等の各教科の指導が可能に），特別支援学校（知的障害）の各教科の目標・内容の大幅な見直し，自立活動の内容の見直し

ません。学校教育法施行規則に規定される教育内容（小学校は第 50 条，中学校は第 72 条）と，標準授業時数（小学校は第 51 条，中学校は第 73 条）に基づき教育課程を編成すると，週当たりの総授業時数をほぼ占めるためです（表 7-3）。よって，在籍校にかかわらず，同じ学年であれば共通の教育内容を同様の授業時数で学ぶことになります。さらに，各教育内容の目標や内容についても学習指導

表7-3　学校教育法施行規則第51条 別表第1に定める各教科等の授業時数

	第1学年	第2学年	第3学年	第4学年	第5学年	第6学年
国語	306	315	245	245	175	175
社会			70	90	100	105
算数	136	175	175	175	175	175
理科			90	105	105	105
生活	102	105				
音楽	68	70	60	60	50	50
図画工作	68	70	60	60	50	50
家庭					60	55
体育	102	105	105	105	90	90
外国語					70	70
特別の教科である道徳	34	35	35	35	35	35
外国語活動			35	35		
総合的な学習の時間			70	70	70	70
特別活動	34	35	35	35	35	35
総授業時数	850	910	980	1015	1015	1015

注) 総授業時数を35週（第1学年は34週）で割ると週当たりの授業時数が算出される。

要領に規定されます（第52条）。なお，必修単位が限定される高等学校は，各学校が裁量を生かして多様な教育課程を編成しています。学校教育法施行規則の第50条第1項，第51条，第52条には，以下のように示されています。

> 第50条　小学校の教育課程は，国語，社会，算数，理科，生活，音楽，図画工作，家庭，体育及び外国語の各教科（以下，この節において「各教科」という。），特別の教科である道徳，外国語活動，総合的な学習の時間並びに特別活動によつて編成するものとする。
> 　（中略）
> 第51条　小学校（第52条の2第2項に規定する中学校連携型小学校及び第79条の9第2項に規定する中学校併設型小学校を除く。）の各学年における各教科，特別の教科である道徳，外国語活動，総合的な学習の時間及び特別活動のそれぞれの授業時数並びに各学年におけるこれらの総授業時数は，別表第1に定める授業時数を標準とする。
> 第52条　小学校の教育課程については，この節に定めるもののほか，教育課程の基準として文部科学大臣が別に公示する小学校学習指導要領によるものとする。

表 7-4　特別支援学校における教育課程編成の実際（小学部 3 年生の例）

［学習集団A］		［学習集団B］		［学習集団C］	
国語	7	生活	5	生活	5
社会	2	国語	5	国語	2
算数	5	算数	5	算数	2
理科	3	音楽	2	音楽	2
音楽	1.5	図画工作	2	図画工作	2
図画工作	1.5	体育	3	体育	2
体育	3	特別の教科 道徳	1	特別の教科 道徳	1
特別の教科 道徳	1	特別活動	1	特別活動	1
外国語活動	1	自立活動	5	自立活動	12
総合的な学習の時間	2				
特別活動	1				
自立活動	1				
週当たり総授業時数	29	週当たり総授業時数	29	週当たり総授業時数	29

③　特別支援学校における教育課程編成の実際

　特別支援学校における教育課程編成の実際を表 7-4 に示しました。特別支援学校は多くの場合，複数の教育課程を編成しています。在籍する子どもの多様な実態に即して教育内容を選択し，授業時数を検討しているためです。よって，同じ学校の同じ学年であっても，「何を（教育内容）どれだけの授業時数で学ぶのか」に違いがみられます。

　特別支援学校の教師には，在籍する子どもの多様な実態を踏まえて適切かつ柔軟に教育課程を編成することが求められます。そのためには，特別支援学校の教育課程編成に関わる関連法規を理解し，子どもの実態に即して適用する力が必要になります。特別支援学校教諭免許状に関わる科目で，教育課程に関する内容を改めて取り上げるのはこのためです。

　なお，本書では，関連法規に基づき教育課程を編成する際の基本的な考え方を扱います。障害のある子どもの実態に即した編成の実際については，障害領域別の教育課程に関する科目（教育職員免許法施行規則第 7 条の第 2 欄科目）で学修します。

第2節　特別支援教育における教育課程編成の考え方

（1）　特別支援学校の教育課程

①　教育課程編成の出発点は「学校教育法施行規則」

　特別支援学校における教育課程編成の出発点は，学校教育法施行規則（小学部は第126条，中学部は第127条，高等部は第128条）です。以下，小学部を例に説明します。

　学校教育法施行規則第126条の第1項は，特別支援学校（視覚障害／聴覚障害／肢体不自由／病弱）の教育課程を構成する教育内容を規定しています。基本的には小学校と共通で，唯一の独自性は，自立活動を扱う点にあります。一方，特別支援学校（知的障害）の教育課程を構成する教育内容は，同条第2項に示されます。小学校の各教科ではなく，特別支援学校（知的障害）の各教科を扱う点が大きな特徴です。各教科に加えて特別の教科である道徳，特別活動並びに自立活動を教育課程に位置づけて指導を行うことは，他の特別支援学校と同様です。学校教育法施行規則では，以下のように示されています。

> 第126条　特別支援学校の小学部の教育課程は，国語，社会，算数，理科，生活，音楽，図画工作，家庭，体育及び外国語の各教科，特別の教科である道徳，外国語活動，総合的な学習の時間，特別活動並びに自立活動によつて編成するものとする。
> 2　前項の規定にかかわらず，知的障害者である児童を教育する場合は，生活，国語，算数，音楽，図画工作及び体育の各教科，特別の教科である道徳，特別活動並びに自立活動によつて教育課程を編成するものとする。ただし，必要がある場合には，外国語活動を加えて教育課程を編成することができる。

　特別支援学校の場合，各教科等の標準授業時数に関する規定は存在しません。自立活動の授業時数については，子どもの実態に即して設定することになっていることから，各教科等の標準授業時数を規定できないためです。各学校には，自立活動の時間を適切に設定するとともに，各教科等の目標達成に必要な授業

時数を吟味し，確保することが求められます。

② 柔軟な教育課程編成を可能にする「重複障害者等に関する教育課程の取扱い」

　前述の通り，特別支援学校では多様な実態の子どもたちが学んでいます。例えば，特別支援学校（視覚障害／聴覚障害／肢体不自由／病弱）には，知的障害をあわせ有するために，小学校等の各教科を学ぶことが困難な子どもたちも在籍しています。また，特別支援学校（知的障害）を含め，高等部には第128条の第1項や第2項が掲げる各教科・科目の目標達成をめざすことが難しい子どもも在籍しています。

　このように，在籍する子どもたちの多様な実態に即した教育課程を弾力的に編成する必要性から，特別支援学校の学習指導要領第1章総則 第8節には「重複障害者等に関する教育課程の取扱い」が次のように示されています。

> 1　児童又は生徒の障害の状態により特に必要がある場合には，次に示すところによるものとする。その際，各教科，道徳科，外国語活動及び特別活動の当該各学年より後の各学年（知的障害者である児童又は生徒に対する教育を行う特別支援学校においては，各教科の当該各段階より後の各段階）又は当該各学部より後の各学部の目標の系統性や内容の関連に留意しなければならない。
> (1) 各教科及び外国語活動の目標及び内容に関する事項の一部を取り扱わないことができること。
> (2) 各教科の各学年の目標及び内容の一部又は全部を，当該各学年より前の各学年の目標及び内容の一部又は全部によって，替えることができること。また，道徳科の各学年の内容の一部又は全部を，当該各学年より前の学年の内容の一部又は全部によって，替えることができること。
> (3) 視覚障害者，聴覚障害者，肢体不自由者又は病弱者である児童に対する教育を行う特別支援学校の小学部の外国語科については，外国語活動の目標及び内容の一部を取り入れることができること。
> (4) 中学部の各教科及び道徳科の目標及び内容に関する事項の一部又は全部を，当該各教科に相当する小学部の各教科及び道徳科の目標及び内容に関する事項の一部又は全部によって，替えることができること。
> (5) 中学部の外国語科については，小学部の外国語活動の目標及び内容の一部を取り入れることができること。
> (6) 幼稚部教育要領に示す各領域のねらい及び内容の一部を取り入れることができること。
> 2　知的障害者である児童に対する教育を行う特別支援学校の小学部に就学

する児童のうち，小学部の3段階に示す各教科又は外国語活動の内容を習得し目標を達成している者については，小学校学習指導要領第2章に示す各教科及び第4章に示す外国語活動の目標及び内容の一部を取り入れることができるものとする。

　また，知的障害者である生徒に対する教育を行う特別支援学校の中学部の2段階に示す各教科の内容を習得し目標を達成している者については，中学校学習指導要領第2章に示す各教科の目標及び内容並びに小学校学習指導要領第2章に示す各教科及び第4章に示す外国語活動の目標及び内容の一部を取り入れることができるものとする。

3　視覚障害者，聴覚障害者，肢体不自由者又は病弱者である児童又は生徒に対する教育を行う特別支援学校に就学する児童又は生徒のうち，知的障害を併せ有する者については，各教科の目標及び内容に関する事項の一部又は全部を，当該各教科に相当する第2章第1節第2款若しくは第2節第2款に示す知的障害者である児童又は生徒に対する教育を行う特別支援学校の各教科の目標及び内容の一部又は全部によって，替えることができるものとする。また，小学部の児童については，外国語活動の目標及び内容の一部又は全部を第4章第2款に示す知的障害者である児童に対する教育を行う特別支援学校の外国語活動の目標及び内容の一部又は全部によって，替えることができるものとする。したがって，この場合，小学部の児童については，外国語科及び総合的な学習の時間を，中学部の生徒については，外国語科を設けないことができるものとする。

4　重複障害者のうち，障害の状態により特に必要がある場合には，各教科，道徳科，外国語活動若しくは特別活動の目標及び内容に関する事項の一部又は各教科，外国語活動若しくは総合的な学習の時間に替えて，自立活動を主として指導を行うことができるものとする。

5　障害のため通学して教育を受けることが困難な児童又は生徒に対して，教員を派遣して教育を行う場合については，上記1から4に示すところによることができるものとする。

6　重複障害者，療養中の児童若しくは生徒又は障害のため通学して教育を受けることが困難な児童若しくは生徒に対して教員を派遣して教育を行う場合について，特に必要があるときは，実情に応じた授業時数を適切に定めるものとする。

　この「重複障害者等に関する教育課程の取扱い」の適用により，例えば，特別支援学校（視覚障害）で特別支援学校（知的障害）の各教科を指導することや，特別支援学校（知的障害）の高等部で中学部の各教科の目標・内容を扱うことが

可能になります。

　「重複障害者等に関する教育課程の取扱い」の「1」〜「4」の規定は，教育内容の変更に関する規定です。特別支援学校の教育課程は，学校教育法施行規則第 126 条〜第 128 条が示す教育内容をもとに編成することが前提となりますが，各学校の判断で教育内容の変更を可能とする規定です。このことは，子どもが在学期間に学ぶ教育内容が，各学校（実質的には各教師）の判断により，大きく左右されることを意味します。よって，適用の判断に際しては，次の点に留意しなければなりません。

　まず，各規定の文末が「〜ことができること（できるものとする）」と示されるように，義務規定（〜しなければならない）ではない点です。なかでも「1」および「4」には「特に必要がある場合」と示されています。「特に必要がある場合」に該当するのか否か，各学校（一人ひとりの教師）には根拠に基づく慎重な判断が求められます。表 7-4 ［学習集団C］の教育課程は「4」を適用した例で，自立活動が授業時数の多くを占めています。なぜ，各教科等を自立活動に替える必要があると判断したのでしょうか。その説明は，「重複障害者であること」だけでは十分とはいえません。

　特別支援学校には，自校の子どもたちに，在学期間を通して，何を，どれだけの時間をかけて指導するのか，教育内容の選択と授業時数の決定に関わる大きな裁量が委ねられていることを十分に自覚し，慎重に判断することが求められます。「重複障害者等に関する教育課程の取扱い」の適用に関わる説明責任は，教育課程編成の主体者である各学校にあるのです。

③　特別支援学校の「教育課程」は教育課程か
　特別支援学校のホームページには，表 7-5 のような「教育課程」が掲載されていることがあります。さて，これは教育課程の定義に合致しているでしょうか。

　例えば，「日常生活の指導」は，これまで確認

表 7-5　誤った教育課程の例

教育内容	授業時数
国語	2
算数	2
音楽	2
体育	3
日常生活の指導	5
生活単元学習	6
遊びの指導	4
自立活動	1
週当たりの総授業時数	25

した学校教育法施行規則第126条～第128条や「重複障害者等に関する教育課程の取扱い」に見当たりません。教育課程を構成する教育内容ではないためです。日常生活の指導は，学校教育法施行規則第130条第2項が示す各教科等を合わせた「授業の形態」の1つです。他の「授業の形態」の代表的な例としては，生活単元学習，遊びの指導，作業学習があげられます。学校教育法施行規則では，以下のように示されています。

第130条　特別支援学校の小学部，中学部又は高等部においては，特に必要がある場合は，第126条から第128条までに規定する各教科（次項において「各教科」という。）又は別表第3及び別表第5に定める各教科に属する科目の全部又は一部について，合わせて授業を行うことができる。

2　特別支援学校の小学部，中学部又は高等部においては，知的障害者である児童若しくは生徒又は複数の種類の障害を併せ有する児童若しくは生徒を教育する場合において特に必要があるときは，各教科，特別の教科である道徳，外国語活動，特別活動及び自立活動の全部又は一部について，合わせて授業を行うことができる。

小学校等から特別支援学校に進学する子どもが増加する現在，進路指導を担う小学校等の教師から，特別支援学校の教育課程のわかりにくさを指摘する声も聞かれます。「教育内容（子どもは何を学ぶか）」と「授業の形態（どのように指導するとよいか）」を区別し，教育課程を編成することが，社会に開かれた教育課程とするためにも重要です（図7-1）。

(2)　特別支援学校の学習指導要領改訂の変遷

小学校等と同様，特別支援学校の学習指導要領も約10年を節目に改訂が重ねられてきました（表7-1を参照）。いくつかのポイントに焦点化して説明します。

①　養護・訓練の創設，自立活動の成立と個別の指導計画の作成

特殊教育諸学校独自の教育内容として，養護・訓練が位置づけられたのは，1971（昭和46）年に改訂された特殊教育諸学校小学部・中学部学習指導要領でした。それ以前は，障害の特性等に応じた訓練等の特別の指導は，各教科の指導の中で行われていました。1999（平成11）年の盲学校，聾学校及び養護学校

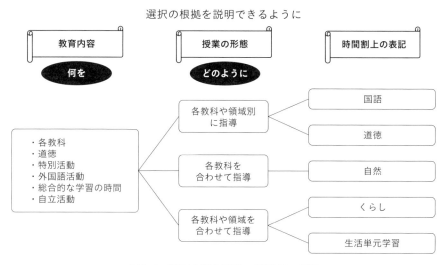

図 7-1　教育内容と授業の形態等の関係

小学部・中学部学習指導要領の改訂では，養護・訓練が自立活動に改められ，同時に，個別の指導計画の作成が義務化されました。自立活動は一人ひとりの子どもの実態から創造する教育であり，「今，なぜこの指導なのか」，具体化した指導についての説明責任は学校（各教師）にあります。養護学校教育義務制実施から 20 年の歳月を経て，教育の質への注目が高まる時期の改訂でした。

② 　特別支援学校（知的障害）の各教科

　特別支援学校（知的障害）の各教科の名称は，一部を除き小学校等の各教科と共通ですが，その目標・内容は異なります。この独自の各教科が初めて明示されたのは，1963（昭和 38）年に制定された養護学校小学部・中学部学習指導要領精神薄弱教育編でした。当時は，養護学校教育の義務化に向けて，知的障害の特性に着目した教育内容の整理が課題でした。それから 55 年の歳月を経て，2017（平成 29）年の特別支援学校小学部・中学部学習指導要領改訂では，特別支援学校（知的障害）の各教科の目標・内容について，小学校等の各教科の目標・内容との関連を図る観点から見直しがなされました。小学校等と特別支援学校（知的障害）の双方で学ぶ子どもが増加したためです。

③　「重複障害者に関する教育課程の取扱い」

　1971（昭和46）年の特殊教育諸学校小学部・中学部学習指導要領改訂では，教育課程を柔軟に編成するための特例（現在の「重複障害者等に関する教育課程の取扱い」）が示されました。1979（昭和54）年の養護学校教育義務制実施を前に，在籍児の障害の重度・重複化が顕著だった時期です。そして，2017（平成29）年の学習指導要領改訂では，特別支援学校（知的障害）に在籍する子どもの実態の変化を踏まえ，特別支援学校（知的障害）でも必要な場合は小学校等の各教科を指導することを可能にする規定（重複障害者等に関する教育課程の取扱いの「2」）が設けられました。

④　交流及び共同学習

　1979（昭和54）年の改訂では，それまで学校種別に示されていた学習指導要領が，特殊教育諸学校学習指導要領として一本化されました。養護学校教育義務制実施による分離教育を懸念する声を受けて，交流教育を促進するために，「学校の教育活動全体を通じて，小学校の児童又は中学校の生徒及び地域社会の人々と活動を共にする機会を積極的に設けるようにすること」が明記されました。その後，いっそうの推進を図る観点から，1998（平成10）年には，小学校や中学校の学習指導要領に交流教育の意義について記されることになります。さらに，2008（平成20）年の改訂では，2004（平成16）年の障害者基本法一部改正を受け，「交流及び共同学習」の名称が用いられるようになり，現在に至ります。

　このように，学習指導要領は，在籍する子どもの実態や特別支援教育（特殊教育）を取り巻く社会の変化等を踏まえて改訂が重ねられてきました。これまでの改訂の背景を探り，次期改訂の方向性について考えてみてください。[*1]

＊1　国立教育政策研究所「学習指導要領データベース」

＊1

(3)　小学校等における「特別な教育課程」

①　特別支援学級の教育課程

　小学校や中学校の特別支援学級で学ぶ子どもたちの教育的ニーズは，通常の学級と同じ教育課程（教育内容や授業時数）で十分に満たすことができません。そこで，特別の教育課程を編成することが認められています。前述の「重複障害者等に関する教育課程の取扱い」の適用により，例えば，各教科の指導において在籍学年より下学年の目標を扱ったり，知的障害をともなう子どもの場合，特別支援学校（知的障害）の各教科を指導したりすることができます。また，2017（平成 29）年の学習指導要領改訂では，「障害による学習上又は生活上の困難を克服し自立を図るため，特別支援学校小学部・中学部学習指導要領第 7 章に示す自立活動を取り入れること」が明示されました（文部科学省，2017a, b）。特別の教育課程には，自立活動を位置づけなければなりません。換言すれば，自立活動の指導を必要とする子どもが学ぶ場の 1 つが特別支援学級なのです。

②　通級による指導の教育課程

　2017（平成 29）年の学習指導要領改訂では，障害のある子どもに対して「通級による指導を行い，特別の教育課程を編成する場合には，特別支援学校小学部・中学部学習指導要領第 7 章に示す自立活動の内容を参考とし，具体的な目標や内容を定め，指導を行うものとする」と明示されました（文部科学省，2017a, b）。通常の学級に在籍する子どもが通級による指導を必要とする背景を考えれば，子どもの学習上や生活上の困難そのものの改善を図る自立活動の指導が不可欠なことは明らかです。なお，通級による指導の標準授業時数については，年間 35 ～ 280 単位時間，学習障害者および注意欠陥多動性障害者については，月 1 単位時間程度の指導でも十分な教育的効果が認められる場合があることから，年間 10 ～ 280 単位時間とされています。

❚ 第3節　特別支援教育におけるカリキュラム・マネジメント

(1)　カリキュラム・マネジメントとは

　2017（平成29）年の学習指導要領改訂では，カリキュラム・マネジメントが提唱されました。教育課程編成の主体者である学校には，授業で扱った教育内容に関する子どもたちの学習状況を的確に把握し，その学習評価に基づいて教育課程，すなわち，学校として選択した教育内容や配当した授業時数を評価，改善する取り組みが求められます。カリキュラム・マネジメントは，新しい取り組みではありません。これまでの営みに，より意図的，主体的に取り組み，社会に開かれた教育課程とすることを提唱しています。特別支援学校小学部・中学部学習指導要領の第1章総則第2節の4では，次のように示されています。

> 　各学校においては，児童又は生徒や学校，地域の実態を適切に把握し，教育の目的や目標の実現に必要な教育の内容等を教科等横断的な視点で組み立てていくこと，教育課程の実施状況を評価してその改善を図っていくこと，教育課程の実施に必要な人的又は物的な体制を確保するとともにその改善を図っていくことなどを通して，教育課程に基づき組織的かつ計画的に各学校の教育活動の質の向上を図っていくこと（以下「カリキュラム・マネジメント」という。）に努めるものとする。その際，児童又は生徒に何が身に付いたかという学習の成果を的確に捉え，第3節の3の（3）のイに示す個別の指導計画の実施状況の評価と改善を，教育課程の評価と改善につなげていくよう工夫すること。

(2)　特別支援教育におけるカリキュラム・マネジメント

　ここでは，特別支援教育におけるカリキュラム・マネジメントを考える際に不可欠な視点を確認します。

①　教育課程のPDCAと個別の指導計画のPDCAの接続

　まずは，教育課程のPDCAと個別の指導計画のPDCAの接続です。図7-2に，学校教育目標と教育課程，授業等の関係を示しました。

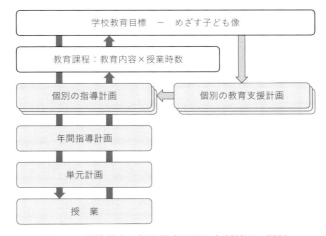

図 7-2　学校教育目標や教育課程と各種計画の関係

出所：一木（2021）。

　各学校は，学校教育目標やめざす子ども像を掲げ，その実現に向けて教育課程を編成します。教育課程に自立活動の指導が位置づけられ，「重複障害者等に関する教育課程の取扱い」の適用が認められている特別支援学校では，個別の指導計画が作成されます。特別支援学校の場合，同じ学年の学習集団でも，何年生（特別支援学校（知的障害）の各教科の場合，何段階）相当の目標達成をめざすのかが，一人ひとり異なることも少なくありません。授業者は，個別の指導計画に記された年間目標や目標達成に必要な手だて等を踏まえ，授業を構想し（年間指導計画や単元計画），日々の実践に臨みます。

　日々の授業の学習評価は，次時の授業，次の単元構想に活用されるとともに，学期末や年度末には，個別の指導計画の評価に還元されます。そして，　人ひとりの個別の指導計画に記される学習評価を集約し，学習集団に対して編成した教育課程（教育内容の選択や授業時数の配当）の評価を行うことになります（図7-3）。

　しかし，特別支援学校では，一人ひとりの個別の指導計画のPDCAが循環しているのに対し，それぞれの個別の指導計画の評価を集約し，教育課程の評価資料として活用する流れは十分に機能していない現状もみられます。その背景

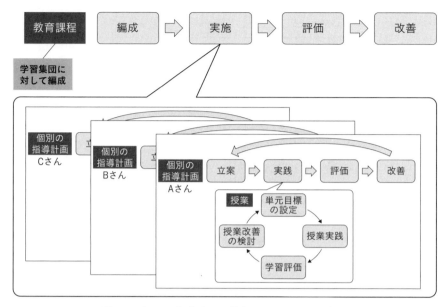

図7-3　個別の指導計画と教育課程のPDCAの連動

の１つとして時期の問題を指摘することができます。個別の指導計画のPDCA
は年度（４月〜３月）に対応することが多いですが，次年度の教育課程編成は，教
育委員会への提出時期との兼ね合いで12月には終えなければならない場合もあ
るためです。いつの時点の学習評価を総括し，教育課程の評価，改善に生かす
のか，各学校の工夫が求められます。

② 卒業後の視点から自校の判断を評価する機会を

　これまで述べてきた通り，特別支援学校には教育課程編成に際して大きな裁
量が委ねられます。目の前の子どもにとって，「重複障害者等に関する教育課程
の取扱い」を適用し，教育内容を変更したほうがよりよい学びを保障できるの
か，判断するのは各学校です。例えば，各教科を自立活動に替えることは，子
どもにとって，教師が教科の視点で設計する授業に参加し学ぶ機会がなくなる
ことを意味します。

　各学校は，在籍する子どもたちの卒業後の生活も視野に入れて，教育課程を

編成します。卒業までにどのような力を意図的に育む必要があるのか，そのためには，いずれの教育内容にどれだけの授業時数を配当するとよいのか，協議を重ねます。小・中学校の通常の学級であれば，当該学年の教育内容を標準授業時数でもって指導するほか選択肢はないに等しいですが，多様な実態の子どもたちが学ぶ特別支援学校の教育課程編成では，限られた在学期間に何をどこまで指導するのかについて，各学校が判断し，選択するのです。

　よって，カリキュラム・マネジメントに際しては，子どもたちの学習評価に基づき教育課程を評価・改善するだけでなく，自校の判断や選択自体を卒業後の視点から評価する営みが不可欠となります（一木，2020）。在学時の指導に対する卒業生本人や保護者，卒業生の進路先の評価を集約し，学校全体で共有する機会を設けるとともに，教育課程の評価資料とする視点が2つ目のポイントです。

③　自立活動の指導を担う教師の成長を支える仕組み

　自立活動は，特別支援教育の要となる教育内容です。しかし，一人ひとりの多様な実態に即した指導を実現する観点から，学習指導要領の示し方は大綱的になっています。目標の系統性も明示されないため，指導を担う教師は，自らが設定した指導目標の不確実性に不安を覚える現状にあります（一木・安藤，2010）。指導目標自体に不安を覚える状態で，学習評価に基づき教育課程の評価・改善を図るカリキュラム・マネジメントを機能させることはできるでしょうか。

　特別支援学校におけるカリキュラム・マネジメントで不可欠な視点の3点目は，自立活動の指導を担う教師の成長を支える仕組みの構築です。自らが直面する実践上の課題に向き合い，適切に対処していくためには，他教師の存在が欠かせません。自立活動の指導に先立って行う個別の指導計画の作成に際し，他教師と意見を交わし，必要な助言を得ることのできる機会の確保が重要となります。実態把握から指導目標や指導内容の設定に至る手続きにおいて，教師間の協働により「一定の確からしさ」を担保する校内体制の構築が大切です。

　以上，カリキュラム・マネジメントで不可欠な視点について，特別支援学校

を中心に述べました。特別支援学級や通級の指導の場合，教育課程の編成から個別の指導計画の作成まで，特定の教師に任されることも少なくありません。現在，特別支援学級や通級による指導における教育を受ける子どもたちは増加する傾向にあります。[*2]教員養成段階で，特別支援学校教諭免許状の取得の有無にかかわらず，特別な教育課程の編成や自立活動の指導に関わる基本的な事項の理解を図るとともに，特別支援学校がセンター的機能の一環として特別支援学級や通級の指導を担う教師をどのように支えていくとよいのか，現職研修のあり方の検討も喫緊の課題です。

【文　献】

一木　薫（2020）．重度・重複障害教育におけるカリキュラム評価：自立活動の課題とカリキュラム・マネジメント　慶應義塾大学出版会
一木　薫（2021）．特別支援教育のカリキュラム・マネジメント：段階ごとに構築する実践ガイド　慶應義塾大学出版会
一木　薫・安藤隆男（2010）．特別支援学校（肢体不自由）における自立活動を主として指導する教育課程に関する基礎的研究：教師の描く指導の展望に着目して　障害科学研究, *34*, 179-187.
文部科学省（2017a）．小学校学習指導要領
文部科学省（2017b）．中学校学習指導要領
文部科学省（2018）．特別支援学校教育要領・学習指導要領解説 総則編（幼稚部・小学部・中学部）
日本カリキュラム学会（編）（2005）．現代カリキュラム事典　ぎょうせい
辰野千壽（編）（2005）．最新 学習指導用語事典　教育出版

＊2　文部科学省初等中等教育局特別支援教育課が毎年公表する「特別支援教育資料」には，わが国の特別支援教育に関わる様々な調査結果が示されている。

自立活動の歴史・理念

本章では，自立活動（養護・訓練）はどのような経緯で創設されたのか，歴史と理念，学習指導要領に示される目標や内容，指導計画の考え方について理解を深めます。障害のある子どもたちにとって，なぜ，自立活動の指導が必要なのか，考えながら理解を深めましょう。

第1節　自立活動の歴史

(1)　養護・訓練の創設

① 障害の特性等に応じた特別の指導

　1957 年，盲学校小学部・中学部学習指導要領一般編，聾学校小学部・中学部学習指導要領一般編が特殊教育で初めての学習指導要領として示されました。1963 年には，養護学校小学部学習指導要領肢体不自由教育編，養護学校小学部学習指導要領病弱教育編，養護学校小学部・中学部学習指導要領精神薄弱教育編が，1964 年には，養護学校中学部学習指導要領肢体不自由教育編，養護学校中学部学習指導要領病弱教育編が示されました。当時から，障害の特性等に応じた特別の指導は，障害のある子どもの教育に不可欠な指導として認識されていました。例えば，視覚障害のある子どもの点字の指導や歩行訓練，聴覚障害のある子どもの聴能訓練，肢体不自由のある子どもの機能訓練等，様々な実践が行われていました。なお，教育課程において，これらの指導は教科の一部に位置づけられていました（表 8-1）。

② 養護・訓練の創設

　しかし，障害の特性等に応じた特別の指導を教科に位置づけて指導すること

表 8-1　障害の特性等に応じた特別の指導の位置づけ（例）

学校種	特別な指導内容	教育課程における位置づけ
盲学校	点字指導	国語
	歩行訓練	体育
	感覚訓練	理科
聾学校	聴能訓練	国語，律唱
	言語指導	国語
肢体不自由養護学校	機能訓練	体育・機能訓練，保健体育・機能訓練
病弱養護学校	養護	養護・体育，養護・保健体育

には課題もありました。障害の状態は一人ひとり異なります。それらの指導を
教科の中で行おうとすると，教科の系統的な指導や学習に必要な集団の確保が
困難になってしまうのです。

　1970 年 10 月 23 日，教育課程審議会が「盲学校・聾学校および養護学校の教
育課程の改善について」を答申しました。この答申の中で，「障害のある児童生
徒の教育において，その障害からくる種々の困難を克服して，児童生徒の可能
性を最大限に伸ばし，社会によりよく適応していくための資質を養うには，特
別の訓練等の指導が極めて重要である。これらの訓練等の指導は，ひとりひと
りの児童生徒の障害の種類・程度や発達の状態等に応じて，学校の教育活動全
体を通して配慮する必要があるが，さらになお，それぞれに必要とする内容を，
個別的，計画的かつ継続的に指導すべきものであるから，各教科，道徳，特別
活動とは別に，これを『養護・訓練』とし，時間を特設して指導する必要があ
る」と提言されました（教育課程審議会，1970）。これを受け，1971 年告示の特殊
教育諸学校小学部・中学部学習指導要領では，特殊教育諸学校の教育課程を構
成する独自の教育内容として「養護・訓練」が創設されました。

③　養護・訓練の目標・内容

　養護・訓練の目標と内容は，1971 年の特殊教育諸学校小学部・中学部学習指
導要領において，以下のように示されました。

第1　目標
　児童または生徒の心身の障害の状態を改善し，または克服するために必要な知識，技能，態度および習慣を養い，もって心身の調和的発達の基盤をつちかう。
第2　内容
　A　心身の適応
　　1　健康状態の回復および改善に関すること。
　　2　心身の障害や環境に基づく心理的不適応の改善に関すること。
　　3　障害を克服する意欲の向上に関すること。
　B　感覚機能の向上
　　1　感覚機能の改善および向上に関すること。
　　2　感覚の補助的手段の活用に関すること。
　　3　認知能力の向上に関すること。
　C　運動機能の向上
　　1　肢体の基本動作の習得および改善に関すること。
　　2　生活の基本動作の習得および改善に関すること。
　　3　作業の基本動作の習得および改善に関すること。
　D　意思の伝達
　　1　言語の受容技能の習得および改善に関すること。
　　2　言語の形成能力の向上に関すること。
　　3　言語の表出技能の習得および改善に関すること。

　目標は，障害種にかかわらず共通の目標として1つ示されました（文部省，1971）。また，内容は，4つの柱（心身の適応，感覚機能の向上，運動機能の向上，意思の伝達）に分けて示されました。

　では，新設する養護・訓練の内容はどのように整理されたのでしょうか。当時の過程については，「各学校で行われていた特別の訓練等の指導について，その具体的な指導内容となる事項を細かく取り上げ，それらを大きく分類するという作業が繰り返された」と記されています（文部科学省，2018）。[1]

　養護・訓練の「指導計画の作成と内容の取扱い」には，指導計画の作成にあたって配慮すべき事項として，「個々の児童または生徒の心身の障害の状態，発

＊1　当時の経緯を含め，養護・訓練や自立活動についてより深く学びたい人は，章末の引用文献にある安藤（2021）を参照してほしい。

達段階および経験の程度に応じて，それぞれに必要とする第2の内容の具体的な事項を選定し，個別にその指導の方法を適切に定めるようにすること」と示されました。養護・訓練の内容については，各教科のように内容のすべてを扱うことを前提としないこと，子どもにとって扱う必要のある内容のみ選定し指導計画を具体化するオーダーメイドの指導であることが明示されたのです。

(2) 養護・訓練から自立活動へ

① 自立をめざした主体的な活動

　1999年の盲学校，聾学校及び養護学校小学部・中学部学習指導要領の改訂では，「養護・訓練」の名称が「自立活動」に改められました。「養護・訓練」の言葉から想起される受け身的な意味合いを払拭し，子ども自身が自立をめざす学習活動であること，また，一人ひとりの子どもの実態に即した主体的な学習活動であることを，いっそう明確にするための改称でした。

　なお，「自立」について，一般的には，精神的，身体的，経済的にひとり立ちすることをさすかもしれませんが，自立活動の「自立」は，「幼児児童生徒がそれぞれの障害の状態や発達段階に応じて，主体的に自己の力を可能な限り発揮し，よりよく生きていこうとすること」を意味します（文部省，2000）。多様な実態の子ども一人ひとりについて，自立した姿を個別に描く主体者は教師であり，その自覚を促す改訂となりました。

② 自立活動の目標・内容（1999（平成11）年の学習指導要領）

　自立活動の目標については，「<u>個々の児童又は生徒が自立を目指し</u>，障害に基づく種々の困難を<u>主体的に</u>改善・克服するために必要な知識，技能，態度及び習慣を養い，もって心身の調和的発達の基盤を培う」（下線は筆者による）と改められました。前述の改訂を機に明確にしたいポイントが加筆されました。

　また，内容については，各教科の内容の取り扱いとの違いを明確にするために，「人間としての基本的な行動を遂行するために必要な要素と障害に基づく種々の困難を改善するために必要な諸要素」としての「区分」が導入され，5区分22項目に整理されました（安藤，2021）。

③　個別の指導計画の作成義務化

　養護・訓練から自立活動への改訂を機に，個別の指導計画の作成が義務づけられました。「指導計画の作成と内容の取扱い」には，「自立活動の指導に当たっては，個々の児童又は生徒の障害の状態や発達段階等の的確な把握に基づき，指導の目標及び指導内容を明確にし，個別の指導計画を作成するものとする」と明記されました。

　本書第 7 章で小学校の学習指導要領改訂の変遷にふれましたが，通常の教育は，1958 年に経験中心カリキュラム[*2]から系統主義カリキュラム[*3]へ舵を切りました。一方，養護・訓練は 1971 年の創設時点から，一人ひとりの子どもの実態に基づき「今，何を指導すべきか」を創造する独自のカリキュラム構造でスタートし，自立活動がそのバトンを受け継ぎました。多様な実態に即した指導を実現するためには，目標や内容は大綱的に示すほかありませんが，子どもの指導を担う教師が替わっても，指導の一貫性を担保する必要があります。そのためのツールが個別の指導計画であり，個別の指導計画と自立活動は不可分の関係になります。

(3)　特別支援教育への転換と自立活動の指導の担い手の拡大

①　特殊教育から特別支援教育への転換

　2005 年 12 月 8 日，中央教育審議会から「特別支援教育を推進するための制度の在り方について（答申）」が出されました。その中で，「『特別支援教育』とは，障害のある幼児児童生徒の自立や社会参加に向けた主体的な取組を支援するという視点に立ち，幼児児童生徒一人一人の教育的ニーズを把握し，その持てる力を高め，生活や学習上の困難を改善又は克服するため，適切な指導及び必要な支援を行うものである」と示されました（中央教育審議会，2005）。自立活動の目標と照らすと，特別支援教育の中核に自立活動が位置づくことを確認で

[*2]　経験中心カリキュラム：学習者の興味・関心に着目するカリキュラム。子どもが生活で当面している問題を中心に，その解決に必要な価値ある学習活動のまとまりを単元（経験単元）として設定し，指導する。

[*3]　系統主義カリキュラム：各教科の系統性を重視するカリキュラム。学習指導要領が示す各教科の内容のまとまりを基盤として単元（教材単元）を設定し，指導する。

きます。

　特別支援教育へ転換後初めて改訂された2008年の小学校学習指導要領の第1
章総則の第4「指導計画の作成等に当たって配慮すべき事項」には，次のこと
が明記されました（文部科学省，2008）。

　（7）障害のある児童などについては，特別支援学校等の助言又は援助を活用
　　しつつ，例えば指導についての計画又は家庭や医療，福祉等の業務を行う
　　関係機関と連携した支援のための計画を個別に作成することなどにより，
　　個々の児童の障害の状態等に応じた指導内容や指導方法の工夫を計画的，
　　組織的に行うこと。特に，特別支援学級又は通級による指導については，
　　教師間の連携に努め，効果的な指導を行うこと。

　個別の指導計画の作成の義務化には至っていませんが，実質的には作成の必
要性を示しています。センター的機能を担う特別支援学校には，これまで培っ
てきた自立活動の指導の実践知を小・中学校等の教師へ伝授する役割が期待さ
れることになります。

② 　自立活動の指導の担い手の拡大

　2017（平成29）年告示の小学校学習指導要領では，特別支援学級や通級にお
ける指導の教育課程に自立活動を位置づけることが明記され，個別の指導計画
の作成が義務化されました。以下に，第1章総則から第4の2（1）「障害のあ
る児童などへの指導」より一部抜粋します（文部科学省，2017a）。

　イ　特別支援学級において実施する特別の教育課程については，次のとおり
　　編成するものとする。
　（ア）障害による学習上又は生活上の困難を克服し自立を図るため，特別支
　　　援学校小学部・中学部学習指導要領第7章に示す自立活動を取り入れる
　　　こと。
　（中略）
　ウ　障害のある児童に対して，通級による指導を行い，特別の教育課程を編
　　成する場合には,特別支援学校小学部・中学部学習指導要領第7章に示す自
　　立活動の内容を参考とし，具体的な目標や内容を定め，指導を行うものと
　　する。その際，効果的な指導が行われるよう，各教科等と通級による指導
　　との関連を図るなど，教師間の連携に努めるものとする。

> エ　（中略）　特に，特別支援学級に在籍する児童や通級による指導を受け
> る児童については，個々の児童の実態を的確に把握し，個別の教育支援
> 計画や個別の指導計画を作成し，効果的に活用するものとする。

　特別支援学級や通級による指導で学ぶ子どもは年々増加しており，このこと
は，自立活動の指導の担い手の拡大を意味します。また，通常の学級の教師は，
自立活動の「指導」を行う機会はありませんが，特別支援教育の定義に立ち返
れば，自立活動の視点で子どもを理解する必要があります。

　そこで，自立活動の指導の考え方についての理解を促すために，2018（平成
30）年の特別支援学校教育要領・学習指導要領解説自立活動編（幼稚部・小学部・
中学部）では，後述する自立活動の「実態把握から具体的な指導内容を設定する
までの流れの例（流れ図）」が示されました。さらに，教員養成課程については，
小学校等の教諭免許状取得に関わる「教職課程コアカリキュラム」と「特別支
援学校教諭免許状コアカリキュラム」のそれぞれに，担保すべき学修内容とし
て自立活動が明記されました。[*4]

　特別支援学校を含め教師の若年齢化が急激に進む中，自立活動の指導の担い
手を，教員養成と現職研修を通してどのように育てていくかが喫緊の課題です。

第 2 節　自立活動の理念と指導の考え方

　第 1 節では，養護・訓練から自立活動に至る変遷をたどりました。ここでは，
自立活動の理念や個別の指導計画の作成と内容の取扱い等について理解を深め
ます。以下，2017（平成 29）年告示の特別支援学校小学部・中学部学習指導要
領とその解説（自立活動編）に基づき概説します（文部科学省，2017b, 2018）。

＊ 4　全国には多くの教員養成大学がある。「教職課程コアカリキュラム」と「特別支援学校教諭免許
　　状コアカリキュラム」はいずれもすべての大学の教職課程で共通的に習得を図る資質能力を示し
　　たものである。

(1)　自立活動の理念

① 　自立活動の目標と特別支援学校の教育の目的，目標の関係

　　自立活動の目標は，下記のように示されています。

> 　個々の児童又は生徒が自立を目指し，障害による学習上又は生活上の困難を主体的に改善・克服するために必要な知識，技能，態度及び習慣を養い，もって心身の調和的発達の基盤を培う。

　　学習指導要領が示す目標はこの１つです。各教科のように，学年または２学年（特別支援学校（知的障害）の各教科は段階）ごとに系統的に示されることはなく，幼稚部から高等部まで共通です（幼稚部の場合，「児童又は生徒」が「幼児」となります）。

　　特別支援学校の教育の目的は学校教育法の第８章「特別支援教育」の第72条に示されます。

> 　第72条　特別支援学校は，視覚障害者，聴覚障害者，知的障害者，肢体不自由者又は病弱者（身体虚弱者を含む。以下同じ。）に対して，幼稚園，小学校，中学校又は高等学校に準ずる教育を施すとともに，障害による学習上又は生活上の困難を克服し自立を図るために必要な知識技能を授けることを目的とする。

　　特別支援学校の教育目標は，特別支援学校学習指導要領に示されます。特別支援学校小学部・中学部学習指導要領の第１章総則の第１節「教育目標」には，以下のように示されています。

> 　小学部及び中学部における教育については，学校教育法第72条に定める目的を実現するために，児童及び生徒の障害の状態や特性及び心身の発達の段階等を十分考慮して，次に掲げる目標の達成に努めなければならない。
> 　　１　小学部においては，学校教育法第30条第１項に規定する小学校教育の目標
> 　　２　中学部においては，学校教育法第46条に規定する中学校教育の目標
> 　　３　小学部及び中学部を通じ，児童及び生徒の障害による学習上又は生活上の困難を改善・克服し自立を図るために必要な知識，技能，態度及び

> 習慣を養うこと。

　上記3つを互いに照らすと，自立活動の目標が特別支援学校の教育の目的および目標と密接に関連していることを確認できます。特別支援学校の教育目的は，小学校等に準ずる（「同じ」の意）とともに，自立活動の指導を行うことにあり，特別支援学校の教育目標は，小学校等の目標とあわせて自立活動の目標を達成することにあります。特別支援学校の教師に求められる専門性の筆頭に自立活動の指導があげられる所以です。

② 子どもの発達と障害

　幼稚部教育要領の第1章総則には，「幼児の発達は，心身の諸側面が相互に関連し合い，多様な経過をたどって成し遂げられていくものである」と明記されています。より発達初期の乳児を例にあげてみましょう。生後，早い段階で視覚が発達し，ぼんやりとではありますが「ものが見える」ようになります。次第に「ものが見える」状態から「ものを見たい」と頭を持ち上げるようになり，3か月頃には首が据わります。首が据わることにより，「見たいものを見続ける」ことが可能になります。その結果，「いつものこと」と「そうでないこと」の区別が徐々にできるようになるのです。その後，バランス感覚も発達し移動能力を獲得すると，旺盛な探索行動が始まります。7〜9か月頃には座位が安定し，上肢*5を使って物を操作する経験が増えます。この経験の積み重ねが，空間における位置関係の把握や因果関係の理解につながっていきます。

　では，障害のある状態は，子どもの発達にどのように影響するでしょうか。例えば，視覚に障害があれば，「ものを見たい」と頭を持ち上げる動機が限定されてしまいます。肢体不自由のために姿勢保持が困難であれば，「見たいものを見続ける」ことが難しくなってしまいます。これらがそれぞれの子どもの発達にどのような影響を及ぼすと想定されるか，上記の例に照らして考えてみてください。障害の状態は，特定の発達領域だけではなく，多方面に影響することを

＊5　上肢：肩関節から手指までのこと。

理解できるはずです。

　子どもの障害の状態が，その子どもの発達にどのような影響を及ぼしてきたと考えられるか，私たちと出会うまでに子どもが生きてきた時間の経過や積み重ねてきた経験に想像を働かせ，子どもの今の姿を理解する視点が不可欠です。

③　自立活動の意義

　自立活動の意義については，特別支援学校学習指導要領解説の自立活動編第3章1で，次のように示されています。

> 　小・中学校等の教育は，幼児児童生徒の生活年齢に即して系統的・段階的に進められている。そして，その教育の内容は，幼児児童生徒の発達の段階等に即して選定されたものが配列されており，それらを順に教育することにより人間として調和のとれた育成が期待されている。
> 　しかし，障害のある幼児児童生徒の場合は，その障害によって，日常生活や学習場面において様々なつまずきや困難が生じることから，小・中学校等の幼児児童生徒と同じように心身の発達の段階等を考慮して教育するだけでは十分とは言えない。そこで，個々の障害による学習上又は生活上の困難を改善・克服するための指導が必要となる。このため，特別支援学校においては，小・中学校等と同様の各教科等に加えて，特に自立活動の領域を設定し，それらを指導することによって，幼児児童生徒の人間として調和のとれた育成を目指しているのである。

　障害の有無にかかわらず，学校教育は「人間として調和のとれた育成」をめざします。しかし，障害のある子どもの場合，小学校等の教育同様，学習指導要領が示す各教科の目標・内容を系統的に教育するだけでは十分といえません。障害の状態が，子どもの学習や生活に様々な影響をもたらすためです。

　障害の状態がその子どものこれまでの育ちにどのように影響してきたのか，各教科等の内容習得や目標達成に，また，学校や家庭，地域生活を送る上で，どのような困難をもたらしているのか。「障害による学習上や生活上の困難」を把握し，困難な状態の改善を図る指導を，各教科等の指導と並行して行うことが，人間として調和のとれた育成をめざす上で欠かせません。そのための時間を確保する必要性から，教育課程上の特別な指導領域として自立活動が位置づけら

れています。

　自立活動の目標には「調和的発達の基盤を培う」とあります。解説には，「調和的発達の基盤を培う」とは，「一人一人の児童生徒の発達の遅れや不均衡を改善したり，発達の進んでいる側面を更に伸ばすことによって遅れている側面の発達を促すようにしたりして，全人的な発達を促進することを意味している」と記されています。

(2)　自立活動の指導の考え方

①　内容と指導内容

　自立活動の「内容」については，子どもの実態に即して設定される具体的な「指導内容」と区別する必要があります。第 1 節で，自立活動の前身である養護・訓練の内容が整理された過程についてふれました。自立活動の「内容」は，「人間としての基本的な行動を遂行するために必要な要素」と，「障害による学習上又は生活上の困難を改善・克服するために必要な要素」で構成されています。代表的な要素である 27 項目を 6 つの区分（健康の保持，心理的な安定，人間関係の形成，環境の把握，身体の動き，コミュニケーション）に分類して示しています（表 8-2）。

　内容（6 区分 27 項目）は，そのまま指導するのではなく，子どもに必要な項目を選定し，それらを組み合わせて具体的な「指導内容」を設定します。安藤（2021）は，内容（6 区分 27 項目）と指導内容の関係を，栄養素（区分）や食材（項目）とメニュー（指導内容）の関係に例えています（安藤，2021）。

　なお，自立活動の内容が 5 区分から 1 つ増えて 6 区分になったのは，2008 年の特別支援学校学習指導要領の改訂からでした。新たな区分として「人間関係の形成」が加わるタイミングが特別支援教育への転換と重なったために，発達障害の子どもを想定した区分として新設されたとの誤解も見受けられました。区分は各障害に対応したものではないことに留意してください。

②　区分と項目の理解が大切

　自立活動の内容は，6 区分のもとにそれぞれ 3 ～ 5 つの項目が示されていま

表 8-2　自立活動の内容 6 区分 27 項目

区分	項目
健康の保持	(1) 生活のリズムや生活習慣の形成に関すること。 (2) 病気の状態の理解と生活管理に関すること。 (3) 身体各部の状態の理解と養護に関すること。 (4) 健康状態の維持・改善に関すること。
心理的な安定	(1) 情緒の安定に関すること。 (2) 状況の理解と変化への対応に関すること。 (3) 障害による学習上又は生活上の困難を改善・克服する意欲に関すること。
人間関係の形成	(1) 他者とのかかわりの基礎に関すること。 (2) 他者の意図や感情の理解に関すること。 (3) 自己の理解と行動の調整に関すること。 (4) 集団への参加の基礎に関すること。
環境の把握	(1) 保有する感覚の活用に関すること。 (2) 感覚や認知の特性への対応に関すること。 (3) 感覚の補助及び代行手段の活用に関すること。 (4) 感覚を総合的に活用した周囲の状況の把握に関すること。 (5) 認知や行動の手掛かりとなる概念の形成に関すること。
身体の動き	(1) 姿勢と運動・動作の基本的技能に関すること。 (2) 姿勢保持と運動・動作の補助的手段の活用に関すること。 (3) 日常生活に必要な基本動作に関すること。 (4) 身体の移動能力に関すること。 (5) 作業に必要な動作と円滑な遂行に関すること。
コミュニケーション	(1) コミュニケーションの基礎的能力に関すること。 (2) 言語の受容と表出に関すること。 (3) 言語の形成と活用に関すること。 (4) コミュニケーション手段の選択と活用に関すること。 (5) 状況に応じたコミュニケーションに関すること。

す。解説では，各項目について，①この項目について（項目の意味），②具体的な指導内容例と留意点（当該項目を中心として考えられる具体的な指導内容例），③他の項目との関連例（具体的な指導内容例について関連させた項目）の 3 点に分けて説明されています。

　子どもの実態に応じて適切に指導内容（メニュー）を設定するためには，各区分（栄養素）と項目（食材）の理解が不可欠です。解説を熟読し，理解を深めましょう。

③　実態把握から指導目標および指導内容の設定に至る手続き

　学習指導要領の第 7 章自立活動の第 3「個別の指導計画の作成と内容の取扱い」には，「自立活動の指導に当たっては，個々の児童又は生徒の障害の状態や

特性及び心身の発達の段階等の的確な把握に基づき，指導すべき課題を明確にすることによって，指導目標及び指導内容を設定し，個別の指導計画を作成するものとする」と示されています。解説には，実態把握から指導目標を導き出し指導内容を設定するまでの手続きを以下のように例示するとともに，「流れ図」による解説も示されています。[*6]

【実態把握から指導内容の設定に至る手続きの一例】
- ❶　個々の児童生徒の実態（障害の状態，発達や経験の程度，生育歴等）を的確に把握する。
- ❷　実態把握に基づいて指導すべき課題を抽出し，課題相互の関連を整理する。
- ❸　個々の実態に即した指導のねらいを明確に設定する。
- ❹　幼稚部教育要領第 2 章自立活動の 2 の内容の中から，個々の指導のねらいを達成するために必要な項目を選定する。
- ❺　選定した項目を相互に関連づけて具体的な指導内容を設定する。

　自立活動における実態把握から指導目標および指導内容の設定に至る手続きは，子どもの障害により変わるものではありません。すべての障害に共通の手続きです。以下，❶〜❺のそれぞれについて，大事なポイントを確認します。

❶　**実態把握**

　障害や疾患名が同じであっても，障害による学習上または生活上の困難は一人ひとり異なります。筆者には，教育実習で指導案を作成した際に，当たり前のように対象児の障害や疾患名を記し，そのことで実態把握の一部ができたような錯覚に陥っていたことに，実習校の先生のご指摘で気づいた苦い経験があります。では，どのような視点で実態を把握するとよいのでしょうか。教師が実態把握に臨む機会は多くありますが，実態把握の視点は，把握する目的により変わります。自立活動の指導目標を導き出すための実態把握で落とせない視点は，6 区分（健康の保持，心理的な安定，人間関係の形成，環境の把握，身体の動き，

＊6　特別支援学校学習指導要領解説 自立活動編 p. 28 図 2 実態把握から具体的な指導内容を設定するまでの流れの例（流れ図）。

＊6

コミュニケーション）です。

　なお，例えば，「人とのやりとりが苦手」という実態が，「人間関係の形成」から把握された実態である場合（例えば，他者に注意を向けることが難しい）と，「コミュニケーション」から把握された実態である場合（例えば，発語機能の制約による意思表出の困難）とで，意味は変わります。把握した実態に関する情報は，区分と対応させて記録し，整理することが大切です。

❷　指導課題の選定

　実態把握により，一人の子どもから多くの情報が得られます。1つ1つの情報をそれぞれ1枚の付箋紙に記し，A3用紙の上に張り出した状態をイメージしてください。これらの「実態」に関する情報を，いくつかの視点（表8-3）で整理します。例えば，「全盲のため視覚情報の入手が困難」な「実態」について，障害の状態自体を自立活動の指導により改善することは難しいと判断し，その「実態」を書き記した付箋紙をA3用紙から外すといった具合です。この作業を経てA3用紙に残った情報を「課題」と捉えます。「実態」がそのまま「課題」になるのではないことに留意が必要です。

　複数の「課題」はいずれも一人の子どもが示す姿です。子どもの中でそれぞれがどのように関連し合っているのかを紐解くことで，中心的な課題を見出すことができます（図8-1）。課題間の関連を紐解くことを通して，子どもの学習上や生活上の困難について理解を深める作業が，自立活動の肝であり，教師ならではの営みだと考えます。

表8-3　「実態」から「課題」を整理する際の視点の例

視点	具体的な内容
ボトムアップの視点	子どもの今の姿から1年間の指導で期待できる変容はどの程度か
トップダウンの視点	想定される3年後（または卒業後）の姿から今どのような力を優先して育む必要があるか
学びの履歴を踏まえる視点	これまでの自立活動で指導したこと・していないこと，子どもの達成状況や伸び悩み等
子どもの年齢や障害の特性に関する視点	第二次性徴を迎える時期への配慮なのか，進行性の疾患の場合の進行の程度等
各教科の指導と区別する視点	各教科の指導で育む力は，自立活動の指導では扱わない（各教科で指導する）

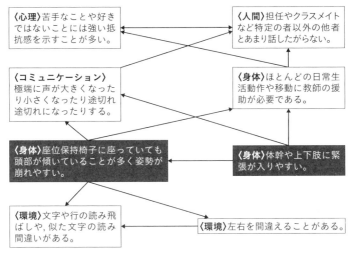

図 8-1　課題関連図の例

注）白抜き文字のカードを「中心的な課題」と判断する。
出所：古川・一木（2020）。

❸　指導目標の設定

中心的な課題について 1 年間の指導により改善された姿を描き，指導目標として設定します。もし，「○○することができない」という「実態」の文末を「○○することができる」と変換しただけの指導目標を設定した実践があったとすれば，自立活動の指導の考え方についての誤解を指摘せざるを得ません。

❹　項目の選定

指導目標を達成するのは子どもです。指導目標に掲げる引き出したい姿を子どもが発揮するためには，子どもにどのような力を培う必要があるのか。27 項目から必要な項目を選定します。よって，❹と次の❺の手続きは，指導目標の数だけたどることになります。

❺　具体的な指導内容の設定

選定した項目を関連づけて具体的な指導内容を設定します。選んだ食材（項目）でメニュー（指導内容）を考える段階です（安藤，2021）。手続きとしては「❹→❺」ですが，指導経験が豊富な教師は，実践知の引き出しを生かして「❺→❹」の思考過程も同時にたどっているようです。先輩教師の実践を因数分解し

てみることで，手続きをたどるヒントが得られるかもしれません。

④　個別の指導計画の書式

　自立活動は，あらかじめ特定の障害に対応した特定の指導内容を規定する指導ではありません。同じ障害でも，障害の状態や学びの履歴，学校外での経験の積み重ね等は一人ひとり異なります。そこで前述の手続きを通して子どもの理解を深める作業が不可欠なのです。

　個別の指導計画の書式については，国は一律に示さず各学校に委ねています。書式は，作成の手続きに密接に関わり，授業構想の道筋に影響を及ぼします。自立活動の理念や指導の考え方と書式が合致していることが肝要です。

　また，学習指導要領に目標の系統性や扱う内容の順序性が示されず，「今，何を指導すべきか」を教師が判断する自立活動の指導では，仮説検証の積み重ねが欠かせません。先の❶〜❺のすべてが検証の対象となることを踏まえれば，手続きの過程を個別の指導計画に残すことが大切なのは明らかです。

　自立活動の指導を担う教師は，自らが設定した指導目標の不確実性に不安を覚え（一木・安藤, 2010），そのことが保護者や外部専門家とのやりとり等，日々の職務に影響を及ぼす実態も指摘されています（一木・安藤, 2011）。しかし，一番困っているのは，障害ゆえの学習上や生活上の困難に直面している子どもたちです。養護・訓練の創設以来受け継がれてきた「一人ひとりの子どもの実態から創造する教育」のバトンは，今，皆さんの手の中にあります。そもそも，子ども（他者）理解は容易であるはずがありません。ぜひ，身近な仲間との協働を通して子ども理解を深める経験を積み，そこで得られる醍醐味を原動力に，学び続ける教師になってください。

【文　献】

安藤隆男（2021）．新たな時代における自立活動の創生と展開：個別の指導計画システムの構築を通して　教育出版
中央教育審議会（2005）．特別支援教育を推進するための制度の在り方について（答申）
古川勝也・一木　薫（2020）．自立活動の理念と実践 改訂版　ジアース教育新社

一木　薫・安藤隆男（2010）．資料 特別支援学校（肢体不自由）における自立活動を主として指導する教育課程に関する基礎的研究：教師の描く指導の展望に着目して　障害科学研究, *34*, 179-187.

一木　薫・安藤隆男（2011）．重度・重複障害教育担当教師の描く指導の展望の背景と日々の職務への影響　障害科学研究, *35*, 161-175.

教育課程審議会（1970）．盲学校・聾学校および養護学校の教育課程の改善について（答申）

文部科学省（2008）．小学校学習指導要領

文部科学省（2017a）．小学校学習指導要領

文部科学省（2017b）．特別支援学校小学部・中学部学習指導要領

文部科学省（2018）．特別支援学校教育要領・学習指導要領解説 自立活動編（幼稚部・小学部・中学部）

文部省（1971）．特殊教育諸学校小学部・中学部学習指導要領

文部省（2000）．盲学校, 聾学校及び養護学校学習指導要領解説 自立活動編（幼稚部・小学部・中学部・高等部）

個別の指導計画の作成と授業の過程

障害のある子どもたちの授業を行うにあたっては，個別の指導計画の作成と活用が欠かせません。本章では，各教科等と自立活動の授業過程の違いや，双方の関連について取り上げ，個別の指導計画の意義や歴史的背景，今後の課題について考えていきます。

第1節　授業の過程

(1)　授業とは

「授業」とは，子どもたちが人類の文化遺産である科学・技術の基礎を系統的に習得し，そのことを通して自らの学力・人格を形成し発達させていく過程であり（細谷ら，1990），教職の中核をなす仕事であるといえます。

近年の急速な社会の進歩や変化に対応する人材育成のために，学校教育のよりいっそうの充実が求められる中，「教育の直接の担い手である教員の資質能力を向上させることが最も重要である」（中央教育審議会，2015a）とされ，授業をはじめとした指導力の向上は大きな課題です。「『令和の日本型学校教育』の構築を目指して（答申）」（中央教育審議会，2021）においては，以下を求めています。

子供が「個別最適な学び」[*1]を進められるよう，教師が専門職としての知見を活用し，子供の実態に応じて，学習内容の確実な定着を図る観点や，その理解を深め，広げる学習を充実させる観点から，カリキュラム・マネジメントの充実・強化を図るとともに，これまで以上に子供の成長やつまずき，悩みなどの理解に努め，個々の興味・関心・意欲等を踏まえてきめ細かく指導・支援することや，子供が自らの学習の状況を把握し，主体的に学習を調整することができるよう促していくこと

　将来の変化を予測することが困難な時代において，子どもたち一人ひとりの可能性を伸ばし，新しい時代に求められる資質・能力を確実に育成していくために（中央教育審議会，2015b），教師一人ひとりが目の前の児童生徒の教育的ニーズを的確に把握し，きめ細やかな指導をする力を身につけていかなくてはなりません。

　授業においては，計画（Plan）―実践（Do）―評価（Check）―改善（Action）という一連の活動（PDCAサイクル）を行います。こうした授業のPDCAサイクルを絶えず機能させ，授業改善を図り，よりよい授業を実現させていくことが重要です。また，授業の計画は診断的評価に基づいて行われ，授業の過程は絶えざる形成的評価の連続であるという意味で，この一連の活動を診断的評価→形成的評価→総括的評価という評価の実践過程とみることもできます（浦﨑，2009）。診断的評価（diagnostic evaluation）は，子どもたちの学びの履歴や興味・関心などの実態を指導前に把握することです。診断的評価をもとに，授業の目標や内容を計画します。形成的評価（formative evaluation）は，指導の過程において，子どもの学習状況を把握するものです。形成的評価をもとに，子どもたちにフィードバックを加えたり，授業の進め方を修正したりします。そして，子どもたちの最終的な学習到達度を判断するために総括的評価（summative evaluation）を行います。評価の結果によって後の指導を改善し，さらに新しい指導の成果を再度評価するという指導と評価の一体化（文部科学省，2021）を図りながら，よりよい授業の実現をめざすことが重要です。

(2)　各教科における授業

①　授業の過程

　視覚障害者，聴覚障害者，肢体不自由者または病弱者である児童生徒に対す

＊1　「個別最適な学び」とは，教師が支援の必要な子どもにより重点的な指導を行うことなどで効果的な指導を実現することや，子ども一人ひとりの特性や学習進度，学習到達等に応じ，指導方法・教材や学習時間等の柔軟な提供・設定を行うことなどの「指導の個別化」と，教師が子ども一人ひとりに応じた学習活動や学習課題に取り組む機会を提供することで，子ども自身が学習が最適となるよう調整する「学習の個性化」を教師視点から整理した概念のことである。「『令和の日本型学校教育』の構築を目指して（答申）」（中央教育審議会，2021）参照のこと。

＊1

る教育を行う特別支援学校においては，各教科の目標，各学年の目標および内容ならびに指導計画の作成と内容の取り扱いについては，小学校学習指導要領の第2章または中学校学習指導要領の第2章に示すものに準ずるものとされています（以下，準ずる教育課程の各教科）（文部科学省，2017a）。ここでいう「準ずる」とは，原則として同一ということを意味しているため（文部科学省，2018a），各教科における授業では，小学校や中学校等の授業と同様の過程をたどることとなります。また，知的障害者である児童生徒に対する教育を行う特別支援学校の小学部および中学部の各教科（以下，知的障害の教育課程の各教科）は，知的障害の特徴および適応行動の困難さ等を踏まえ，学校教育法施行規則第126条第2項および第127条第2項[*3]において，その種類を規定されており，準ずる教育課程の各教科とは異なる目標や内容が示されています。しかし，準ずる教育課程の各教科，知的障害の教育課程の各教科のいずれにおいても，各教科の目標や内容は，学習指導要領に系統立てて示されているため，授業者は学習指導要領に示される目標および内容をもとに，それぞれの教科において，児童生徒がどこまで身につけられていて，どこからが身につけられていないのかなどの学習状況を把握することから授業をつくり始めます。児童生徒がどの段階（何年生，何段階相当）の学習をするべきなのかを把握し，目標や内容を設定し（Plan），実施（Do）します。実施した授業を適切に評価し（Check），児童生徒が目標を十分に達成したと判断した場合は，次の段階（学年）の目標や内容で授業を設計していきます（Action）。これが，基本的な授業の過程となります。

＊2　学校教育法施行規則第126条第2項：以下抜粋。「前項の規定にかかわらず，知的障害者である児童を教育する場合は，生活，国語，算数，音楽，図画工作及び体育の各教科，特別の教科である道徳，特別活動並びに自立活動によつて教育課程を編成するものとする。ただし，必要がある場合には，外国語活動を加えて教育課程を編成することができる。」
＊3　学校教育法施行規則第127条第2項：以下抜粋。「前項の規定にかかわらず，知的障害者である生徒を教育する場合は，国語，社会，数学，理科，音楽，美術，保健体育及び職業・家庭の各教科，特別の教科である道徳，総合的な学習の時間，特別活動並びに自立活動によつて教育課程を編成するものとする。ただし，必要がある場合には，外国語科を加えて教育課程を編成することができる。」

② 授業の評価

　各教科の授業の評価については，学習状況を分析的に捉える「観点別学習状況の評価」と「評定」が学習指導要領に定める目標に準拠した評価として実施するものとされています（文部科学省，2019a）。観点別学習状況の評価については，2017 年改訂の小学校等学習指導要領において，教育目標や内容の再整理を踏まえて，「知識及び技能」「思考力，判断力，表現力等」「学びに向かう力，人間性等」の 3 観点に整理されました（文部科学省，2017b）。知的障害者である児童生徒に対する教育を行う特別支援学校の小学部および中学部の各教科においても，文章による記述という考え方を維持しつつ，観点別の学習状況を踏まえた評価を取り入れることとする（中央教育審議会，2019）とされ，その取り組みの充実が求められています。

(3)　自立活動の指導における授業

　自立活動は，個々の児童または生徒が自立をめざし，障害による学習上または生活上の困難を主体的に改善・克服するために必要な知識，技能，態度および習慣を養い，もって心身の調和的発達の基盤を培うことを目標とした特別な指導領域です（文部科学省，2017a）。障害によって生じる日常生活や学習場面における様々なつまずきや困難を改善・克服するための指導として，自立活動の時間（自立活動の時間における指導）を基盤としながら，学校の教育活動全体を通じて適切に行うものとされています。自立活動の時間における指導においても，PDCA サイクルで授業を行います。しかし，自立活動は，個々の実態に応じた指導となるため，各教科等とは異なり，あらかじめ教えるべき目標や内容が学習指導要領等に示されていません。そのため，授業においては，指導する教師が一人ひとりの子どもの実態等を把握し，課題を明確にした上で目標および内容を設定することになります。学習や生活の強みも含めて，学習上または生活上の困難などの実態把握を行い，指導すべき課題となる中心的な課題を抽出します。そして，その中心的な課題にせまる目標を設定し学習指導要領に示される 6 区分 27 項目の内容の中から必要な項目を選定し，それらを相互に関連づけて具体的な指導内容を設定します。また，自立活動の指導においては，各教科，

道徳科，外国語活動，総合的な学習の時間および特別活動と密接な関連を保つことと示されており（文部科学省，2018b），自立活動の時間における指導と各教科等の指導が授業計画の立案，実施，評価といった授業の全過程において相互に関連づけられ，常に子どもの学習の成果や課題が共有されることが求められています（安藤，2021）。

(4)　各教科等と自立活動における授業の過程の違い

　各教科においては，その目標や内容が学習指導要領等に児童生徒の生活年齢に即して系統的・段階的に示されています。教育の内容は，幼児児童生徒の発達の段階等に即して選定されたものが配列されており，それらを順に教育することにより人間として調和のとれた育成が期待されています（文部科学省，2018b）。各教科等の内容は，すべての幼児児童生徒に対して確実に指導しなければならないものとして示されているため，取り扱い方に軽重をつけたり，順番を工夫したりすることはあっても，「この内容（単元）だけを教えよう」とか「この内容（単元）は取り扱わない」といった考え方はしません。

　一方で，自立活動は，個々の児童生徒の実態に応じて必要な項目を選定して内容を決めるため，その内容は「すべてを指導すべきもの」として示されているものではありません。児童生徒の中心的な課題から導き出された自立活動の目標を達成するために「この内容を指導する」という考え方で授業を実施します。

　このように，各教科等と自立活動には授業の過程，とくに計画（Plan）の過程において大きな違いがあります。それぞれの違いを教師がきちんと理解し，密接な関連を図りながらよりよい授業を展開していくことが重要です。

(5)　各教科等と自立活動の関連

　自立活動は，子どもたちの学習場面や生活場面から生じる困難が指導の根拠になります。例えば，学習場面に限定するとしたら，準ずる教育課程の各教科等や知的障害の教育課程の各教科等から生じる困難，ここに着目して自立活動の授業を考えます。

各教科等の授業において，段階性を見極め，授業を実施した際に，障害による困難が生じたとします。国語の授業を 45 分間行うにあたって，45 分間安定した座位姿勢を保持することができず，授業の途中で姿勢が崩れてしまい，学習が継続できないという困難があるとします。このような障害による学習上の困難については，例えば安定した座位姿勢の保持についての学習を国語の授業中に個別に指導するというわけにはいきません。国語には国語の教科の目標および内容，その単元の目標および内容があるからです。姿勢についての指導は，国語以外の時間で個別に行う必要があると判断された場合，それは自立活動の時間における指導において行うことになります。また，国語の授業中においては，姿勢が崩れた際に姿勢を正す言葉かけを行う，数分間座位姿勢を崩し，身体を休ませる時間を短時間設けるなど，各教科の目標および内容を逸脱しない範囲での手だてや配慮を行います。自立活動の指導は学校の教育活動全体を通じて行うものであるため，各教科等の授業の中においても関連させて指導します。そして，自立活動の時間における指導において，各教科等の学習上の困難に対して指導したということは，その指導の結果，各教科等の授業における困難がどのように変容したのかについても丁寧に評価する必要があります。

第 2 節　個別の指導計画の意義と背景

(1)　個別の指導計画の定義と意義

① 学習指導要領における規定の変遷

　個別の指導計画は，教育課程を具体化し，障害のある児童など 人ひとりの指導目標，指導内容および指導方法を明確にして，きめ細やかに指導するために作成するものです（文部科学省，2017c）。1999 年に告示された盲学校，聾学校及び養護学校小学部・中学部等の学習指導要領（文部科学省，1999）において，養護・訓練の名称が自立活動に改められました。そして，「自立活動の指導に当たっては，個々の児童又は生徒の障害の状態や発達段階等の的確な把握に基づき，指導の目標及び指導内容を明確にし，個別の指導計画を作成するものとす

る」とされ，自立活動の指導に当たってその作成が義務づけられました。

　自立活動の指導においては，なぜこの目標および内容としたのかを，本人や保護者等に対して説明することが求められます。個別の指導計画は，こうした説明責任を果たすためのツールとして重要な意味を持つのです（安藤，2021）。

　その後，2009 年改訂の学習指導要領においては，「各教科等の指導に当たっては，個々の児童又は生徒の実態を的確に把握し，個別の指導計画を作成すること。また，個別の指導計画に基づいて行われた学習の状況や結果を適切に評価し，指導の改善に努めること」（文部科学省，2009）と記載され，各教科等の指導に当たっても，適切かつ具体的な個別の指導計画の作成に努める必要があることが示されています。

　特別支援学校を中心に作成されてきた個別の指導計画でしたが，特別支援教育制度への転換（2007 年）やインクルーシブ教育の促進等を背景に，2008 年改訂の小学校学習指導要領には下記のように示されました（文部科学省，2008）。

　障害のある児童などについては，特別支援学校等の助言又は援助を活用しつつ，例えば指導についての計画又は家庭や医療，福祉等の業務を行う関係機関と連携した支援のための計画を個別に作成することなどにより，個々の児童の障害の状態等に応じた指導内容や指導方法の工夫を計画的，組織的に行うこと。

　この時点では，「個別の指導計画」という文言が記されることはありませんでしたが，2017 年改訂の小学校学習指導要領では，「障害のある児童などについては，（中略）各教科等の指導に当たって，個々の児童の実態を的確に把握し，個別の指導計画を作成し活用することに努めるものとする」と明記され，ここで明確に小・中学校等における個別の指導計画の作成が規定されました（文部科学省，2017b）。

②　個別の指導計画の活用

　自立活動の指導は，特設された自立活動の時間はもちろん，各教科等の指導を通じても適切に行わなければならないものです。自立活動の指導は，学校の教育活動全体を通じて行うものであることから，自立活動の時間における指導

と各教科等における指導とが密接な関連を保つことの必要性について強調されているのであり，自立活動の指導において個別の指導計画の作成を規定しているということは，時間における指導に限った計画ではないということを意味しています。自立活動の理念を踏まえると，各教科等における個別の指導計画の作成は，新たな職務という捉えにはならないといえるでしょう。いずれにしても，現在においては，自立活動についてはもちろん，各教科等においても個々の実態を把握し，適切な指導の実現をめざすために，個別の指導計画の作成および活用が不可欠となります。

　また，各学校において求められるカリキュラム・マネジメントの実施に際しても，個別の指導計画の効果的な活用が求められています。学習指導要領（文部科学省，2017a）には，下記のように記されました。

> 　児童又は生徒に何が身に付いたかという学習の成果を的確に捉え，（中略）個別の指導計画の実施状況の評価と改善を，教育課程の評価と改善につなげていくよう工夫すること。

　個別の指導計画に基づき，「日々の授業の下で児童生徒の学習状況を評価し，その結果を児童生徒の学習や教師による指導の改善や学校全体としての教育課程の改善，校務分掌を含めた組織運営等の改善に生かす中で，学校全体として組織的，計画的，一貫性をもって教育活動の質の向上を図っていくこと」（村上，2020）が求められます。

(2)　個別の指導計画作成義務化をめぐる歴史的背景

①　養護・訓練における指導計画

　個別の指導計画は，自立活動とともに学習指導要領に作成が規定されましたが，自立活動の前身である養護・訓練の指導における指導計画においても，「個々の児童又は生徒の心身の障害の状態，発達段階及び経験の程度に応じて，それぞれに必要とする第 2 の内容を相互に関連づけて具体的な事項を選定し，個別にその指導の方法を適切に定めるものとする」ことが学習指導要領に明記されていました（文部省，1980）。1989 年の改訂においては第 5 章養護・訓練の「指

導計画の作成と内容の取扱い」において「指導計画の作成に当たっては，個々の児童又は生徒の心身の障害の状態，発達段階，経験の程度等に応じた指導の目標を明確にし，第2の内容の中からそれぞれに必要とする項目を選定し，それらを相互に関連づけて具体的な指導事項を設定するものとする」と，個別に指導計画を作成することが記されています（文部省，1989）。実際，自立活動という名称に変更する以前から，学校現場では，個々の児童生徒に即し内容を具体化して指導計画を作成してきたというわけです（村田，2000）。

②　IEPと個別の指導計画

　個別の指導計画とよく似たものとして，アメリカのIEP（Individualized Education Program）があります。IEPは，1975年の全障害児教育法（Education for All Handicapped Children Act: P. L. 94-142），1997年の個別障害者教育法（Individuals with Disabilities Education Act: IDEA）によって作成が義務づけられ，各地方教育学区が障害のある子ども一人ひとりに対して作成しています。IEPは，「適切な無償教育（free appropriate education）」が障害児に保障されているか否かをモニターする道具であり，各地方教育学区の障害児に対する教育保障の具体的内容を明示した保護者の同意をもとに発効する同意書です（清水，1998）。そのため，個々の児童生徒を対象として作成する教育計画というよりは，就学指導に関わる判定資料に近いものであるといえます（長澤，2007）。個別の指導計画は学習指導要領に規定されており，各学校の教師が作成するもので，教育措置を含みません（宮崎ら，2000）。IEPの理念や実践上の課題は，個別の指導計画の作成においても参考にできるものであり，かつてはIEPを参考に指導計画の立案が模索されてきた経緯がありますが（藤井，2001），IEPと個別の指導計画にはここに大きな違いがある点に注意が必要です。

第 3 節　個別の指導計画作成の現状と課題

(1)　個別の指導計画の構成要素と作成手順

　個別の指導計画の作成の手順や様式は，学習指導要領等において一律に示されてはいません。なぜならば，国は，個別の指導計画について「それぞれの学校が児童（生徒）の障害の状態，発達や経験の程度，興味・関心，生活や学習環境などの実態を的確に把握し，自立活動の指導の効果が最もあがるように考えるべきものである」という考え方をとっているためです。2017 年改訂の特別支援学校学習指導要領解説自立活動編（文部科学省，2018b）において示される自立活動の個別の指導計画作成の手順や記載例（流れ図）[*4]はあくまでも一例として示されています。その際には，①個々の児童または生徒について，障害の状態，発達や経験の程度，興味・関心，生活や学習環境などの実態を的確に把握すること。②児童または生徒の実態把握に基づいて得られた指導すべき課題相互の関連を検討すること。その際，これまでの学習状況や将来の可能性を見通しながら，長期的および短期的な観点から指導目標を設定し，それらを達成するために必要な指導内容を段階的に取り上げること。③具体的な指導内容を設定する際の考慮事項を踏まえること。④児童または生徒の学習状況や結果を適切に評価し，個別の指導計画や具体的な指導の改善に生かすよう努めること。⑤各教科，道徳科，外国語活動，総合的な学習の時間および特別活動の指導と密接な関連を保つようにし，計画的，組織的に指導が行われるようにするものとすることが配慮事項として示されています。

　また，手順については，以下のように記されています。

a　個々の児童の実態を的確に把握する。

b　実態把握に基づいて得られた指導すべき課題や課題相互の関連を整理する。

[*4]　特別支援学校学習指導要領解説自立活動編 p. 28 図 2 実態把握から具体的な指導内容を設定するまでの流れの例（流れ図）。

[*4]

　c　個々の実態に即した指導目標を設定する。

　d　特別支援学校小学部・中学部学習指導要領第7章第2の内容から，個々の児童の指導目標を達成させるために必要な項目を選定する。

　e　選定した項目を相互に関連づけて具体的な指導内容を設定する。

　各学校においては，学習指導要領等において示される配慮事項や手順の一例を参考にしながらも，実態に応じて，個別の指導計画の作成および活用について創意工夫することが求められています。

(2)　個別の指導計画の作成および活用における課題

①　形骸化に関する課題

　個別の指導計画は，個々の教育的ニーズから指導目標や指導内容・方法，配慮事項を決定する個に応じた指導の計画であり，一人ひとりの教育的ニーズを実現するための不可欠なツールです。個別の指導計画における課題については，これまで多くの指摘がなされてきました。例えば，個別の指導計画を作成することが目的となってしまい，多大な労力をかけるわりには授業に生かされたという実感が持てない，いったん作成すると学年末などの評価時期まで見られることはなく，鍵のかかったロッカーに厳重に保管され，作成者ですら何を書いたのか忘れているといった話も聞かれます。個別の指導計画は，作成することが目的ではありません。個別の指導計画はよりよい授業を実践するために作成すべきものであり，単なる書類であってはいけないのです。個別の指導計画を個に応じた指導を実現するための具体的なツールであると捉え，学校の教育活動全体との関連を考えて作成しなければなりません。そのため，個別の教育課題および目標，学級編制，学習形態，教師の配置，評価の方法，教育課程の編成等ということまで含めて個別の指導計画について検討することが必要となります（藤井，2001）。

②　作成者である教師に関する課題

　個別の指導計画については，各学校に作成の主体性および責任が求められます。しかし，各学校が主体であるといっても，学校組織そのものには意思決定

力があるわけではないので，実質的には個々の児童生徒の実態を把握する立場にある教師が作成者となります（安藤，2001）。作成者である教師の個別の指導計画や自立活動への理解や技術の不足は課題の1つといえます。とくに，これまで長年にわたって個別の指導計画を作成し，活用してきた特別支援学校の教師とは異なり，小・中学校，とくに通常の学級の教師においては，個別の指導計画や自立活動に関する専門性の向上が不可欠となります。

　また，昨今の職務多忙やバーンアウト等の通常の学級の教師を取り巻く現状を鑑みると，教師の負担感や不安感等の意識に関する課題にも留意する必要があります。これまで個別の指導計画に関する研修等を十分に受けてきていない教師や作成経験が浅い教師においては，個別の指導計画の作成における負担感がとくに大きいことが指摘されています（山口・岩田，2017）。作成者である教師が負担感や不安感を抱き，そして，その事態が常態化することによって，個別の指導計画は書式をどう埋めるか，どのように簡略化できるかに関心が向けられることが懸念され，効果的な作成および活用が困難になることも危惧されます。先行研究（池田・安藤，2012）においても，通常の学級の教師が個別の指導計画を主体的に作成するための課題として，教師の意識が非常に重要であると指摘しています。個別の指導計画は，作成する以上ある程度の負担感を抱くことは避けようがないかもしれません。しかし，教師が個別の指導計画を授業へ活用できるようになれば，形骸化は防げるはずです。そのためには，教師一人ひとりが自立活動や個別の指導計画の理念や意義を理解し，主体的に個別の指導計画を作成していく必要があります。

　ところで，特別支援学校においては，これまで対象となる児童生徒の学級担任を中心とし，複数教師により個別の指導計画が作成されてきました。その背景には，特別支援学校において，複数教師が協働するティーム・ティーチングによる授業が日常的に行われてきたことがあげられます。そのため，特別支援[*5]

＊5　ティーム・ティーチング：1つの学習集団に対し2人以上の教師が協力して指導することであり，例えば，1学級を単位とし，学習集団を分けずに複数の教師が協力して指導する場合や，1学級内または学級単位を超えて学習集団を編成し，全部または一部の学習集団に対して複数の教師が協力して指導する場合等がある（文部科学省，2014）。

学校の個別の指導計画の作成および活用においては，教師個人次元とともに，関係する教師集団の次元でも理解や技術，意識等の課題を解決していかなくてはなりません。多様な専門性，教育観，経験等を持つ教師集団において，実態把握や指導の方向性について共通理解を図りながら個別の指導計画を作成し，活用することが求められます。また，通常の学級に在籍し，通級による指導を受ける児童生徒に関しては，効果的な指導の実現に向けて「各教科等と通級による指導との関連を図るなど，教師間の連携に努めるものとする」ことが小学校学習指導要領（2017b）において示されています。このように，通常の学級における個別の指導計画の作成においても，各教科等を指導する教師（通常の学級の教師）や通級による指導を担当する教師，また特別支援教育コーディネーター等，複数教師による個別の指導計画の作成および活用について考えていかなくてはなりません（池田・安藤，2017）。

③　通常の学級における作成上の課題

　「平成 30 年度特別支援教育に関する調査の結果について」（文部科学省，2019b）によると，通常の学級に在籍する幼児児童生徒における個別の指導計画の作成率は 83.3％（通級による指導を受けている児童生徒を除く）でした。[*6] 2007 年の特別支援教育制度転換以降，個別の指導計画の作成自体は，通常の学級においても着実に浸透していることがうかがえます。一方で，この割合は，学校等が個別の指導計画を作成する必要があると判断した者に対する作成率であることに留意する必要があります。小・中学校において，学習面または行動面で著しい困難を示すと判断された児童生徒は，小学校・中学校において推定値 8.8％，高等学校において推定値 2.2％[*7]の割合で在籍しているという調査結果が発表されました（文部科学省，2022）。学習面または行動面で著しい困難を示すと判断された児童生徒のうち，校内委員会において，特別な教育的支援が必要と判断された割合はそれぞれ推定値 28.7％（小・中），20.3％（高）であり，個別の指導計画を作成している割合はそれぞれ 21.4％（小・中），10.8％（高）と 3 割以下となってい

＊ 6　平成元年以降は調査項目が変更したため，現状平成 30 年度の調査が最新の数値となっている。
＊ 7　高等学校については，公立の全日制または定時制に在籍する 1 ～ 3 年次のみを対象としている。

ます。この調査は，質問項目に対して学級担任等が回答した調査であり，実際に発達障害のある児童生徒数の割合や知的発達に遅れがある児童生徒数の割合を推定する調査ではないことに十分留意しなくてはいけませんが，特別な教育的ニーズがあることが想定される児童生徒に対して必ずしも十分に個別の指導計画の作成および活用が行われていない現状を指摘することができます。通常の学級において，どのような基準により個別の指導計画を作成するか否かを判断しているのか，どのような手続きで個別の指導計画を作成しているのか等の検証は十分であるとはいえないのが現状です。

　通常の学級における個別の指導計画の作成や活用においては，これまで実績を積み重ねてきた特別支援学校の取り組みが参考になるでしょう。しかし，通常の学級と特別支援学校では，学級規模や指導体制等様々な面で違いがみられます。これまで特別支援学校が取り組んできた手続き等をそのまま導入することは現実的ではありません。通常の学級の実情等を考慮した個別の指導計画の作成および活用について考究し，適切な体制を構築することが求められています。

【文　献】

安藤隆男（2001）．個別の指導計画作成の目的論　安藤隆男（編）　自立活動における個別の指導計画の理念と実践　川島書店　pp. 73-84.

安藤隆男（2021）．新たな時代における自立活動の創成と展開：個別の指導計画システムの構築を通して　教育出版　pp. 74-90.

中央教育審議会（2015a）．これからの学校教育を担う教員の資質能力の向上について：学び合い，高め合う教員育成コミュニティの構築に向けて（答申）　https://www.mext.go.jp/component/b_menu/shingi/toushin/__icsFiles/afieldfile/2016/01/13/1365896_01.pdf（2023 年 11 月 13 日閲覧）

中央教育審議会（2015b）．資料 1　教育課程企画特別部会　論点整理　https://www.mext.go.jp/b_menu/shingi/chukyo/chukyo3/siryo/attach/1364306.htm（2023 年 11 月 13 日閲覧）

中央教育審議会（2019）．児童生徒の学習評価の在り方について（報告）　https://www.mext.go.jp/component/b_menu/shingi/toushin/__icsFiles/afieldfile/2019/04/17/1415602_1_1_1.pdf（2023 年 11 月 13 日閲覧）

中央教育審議会（2021）．「令和の日本型学校教育」の構築を目指して：全ての子供たちの可能性を引き出す，個別最適な学びと，協働的な学びの実現（答申）　https://www.mext.go.jp/content/20210126-mxt_syoto02-000012321_2-4.pdf（2023 年 11 月 13 日閲覧）

藤井和子（2001）．個別の指導計画とは　安藤隆男（編）　自立活動における個別の指導計画の理念と実践：あすの授業を創造する試み　川島書店　pp. 37-51.

細谷俊夫・奥田真丈・河野重男・今野喜清（編）（1990）．新教育学大事典 第 4 巻　第一法規出版　p. 57.

池田彩乃・安藤隆男（2012）．個別の指導計画の作成及び活用に小学校の通常学級教師が主体的に関わ

るための研究　障害科学研究, *36*, 135-143.

池田彩乃・安藤隆男（2017）．特別支援学校との協働に基づいた小学校通常学級に在籍する脳性まひ児に対する個別の指導計画の作成：センター的機能を活用して　障害科学研究, *41*（1）, 209-219.

宮崎　昭・藤田和弘・山中克夫・齊藤博之（2000）．自立活動の個別の指導計画の理念とその実際　筑波自立活動研究, *13*, 9-18.

文部科学省（1999）．盲学校，聾学校及び養護学校小学部・中学部学習指導要領

文部科学省（2008）．小学校学習指導要領

文部科学省（2009）．特別支援学校教育要領・学習指導要領

文部科学省（2014）．教育再生の実行に向けた教職員等指導体制の在り方等に関する検討会議 提言 資料編

文部科学省（2017a）．特別支援学校幼稚部教育要領 小学部・中学部学習指導要領

文部科学省（2017b）．小学校学習指導要領

文部科学省（2017c）．小学校学習指導要領 解説総則編

文部科学省（2018a）．特別支援学校学習指導要領解説 各教科等編（小学部・中学部）

文部科学省（2018b）．特別支援学校教育要領・学習指導要領解説 自立活動編（幼稚部・小学部・中学部）

文部科学省（2019a）．小学校, 中学校, 高等学校及び特別支援学校等における児童生徒の学習評価及び指導要録の改善等について（通知）（30 文科初第 1845 号）https://www.mext.go.jp/b_menu/hakusho/nc/1415169.htm（2023 年 11 月 13 日閲覧）

文部科学省（2019b）．平成 30 年度 特別支援教育に関する調査結果について　https://www.mext.go.jp/content/20191220-mxt_tokubetu01-000003414-01.pdf（2023 年 11 月 13 日閲覧）

文部科学省（2021）．学習指導要領の趣旨の実現に向けた個別最適な学びと協働的な学びの一体的な充実に関する 参考資料　https://www.mext.go.jp/content/210330-mxt_kyoiku01-000013731_09.pdf（2023 年 11 月 13 日閲覧）

文部科学省（2022）．通常の学級に在籍する特別な教育的支援を必要とする児童生徒に関する調査結果について　https://www.mext.go.jp/content/20230524-mext-tokubetu01-000026255_01.pdf（2023 年 11 月 13 日閲覧）

文部省（1980）．盲学校，聾学校及び養護学校小学部・中学部学習指導要領

文部省（1989）．盲学校，聾学校及び養護学校小学部・中学部学習指導要領

村上直也（2020）．知的障害特別支援学校における, 資質・能力を育む評価の考え方　横倉　久（監修）・全国特別支援学校知的障害教育校長会（編著）　知的障害特別支援学校における「深い学び」の実現：指導と評価の一体化 事例 18　東洋館出版社　pp. 9-19.

村田　茂（2000）．養護・訓練の歴史的変遷とその意義　肢体不自由教育,（147）, 4-11.

長澤正樹（2007）．発達障害のある子どもの教育を保障する道具：特別支援教育における個別の教育支援計画と個別の指導計画の在り方　新潟大学教育人間科学部紀要, 人文・社会科学編, *9*（2）, 191-206.

清水貞夫（1998）．インクルージョンに向かって一歩踏み出すか：合衆国の全障害者教育法（IDEA）の改訂　SNE ジャーナル, *3*（1）, 137-148.

浦﨑源次（2009）．教育実践学としての授業　安藤隆男・中村満紀男（編著）．特別支援教育を創造するための教育学　明石書店　pp. 239-246.

山口順也・岩田吉生（2017）．小中学校の特別支援学級の教員の精神健康度とストレス要因：メンタルヘルスチェックの分析結果から　愛知教育大学教職キャリアセンター紀要, *2*, 33-40.

第
10
章

特別支援学校の現状と課題

本章では，特別支援教育の現状と課題について，特別支援学校に焦点を当て概観します。特別支援学校の成立と目的，特別支援学校の現状およびその教育の今日的課題から内容を構成し，今後，インクルーシブ教育システム下において求められる特別支援学校の使命と教員の専門性のあり方を概説します。

第1節　特別支援学校の成立と目的

(1)　特別支援学校の成立

　2006年6月，学校教育法等の一部を改正する法律（以下，平成18年改正法）が可決成立し，2007年4月1日に施行されました。これをもって特別支援教育制度の始動となりました。

　平成18年改正法第1条によって，盲学校，聾学校および養護学校は，特別支援学校となりました。加えて，特別支援学校は，その目的を実現するための教育を行うほか，地域における特別支援教育のセンター的機能として，小学校等の要請に応じて，教育上特別の支援を必要とする児童等の教育に関して必要な助言または援助を行うよう努めるものとされました（第71条の3）。[*1]

(2)　特別支援学校の位置づけと目的・目標

① 　学校教育法等における特別支援学校の位置づけ

　特別支援学校は，幼稚園，小学校，中学校，義務教育学校，[*2] 高等学校，中等教

---

*1　2007年6月に公布された学校教育法等の一部を改正する法律（平成19年法律第96号）により，第74条となった。

育学校，大学および高等専門学校と並んで，わが国の学校の1つとして位置づけられました（学校教育法第1条）。第1条に規定される学校（以下，一条校）は，「公の性質を有するものであって，国，地方公共団体及び法律に定める法人のみが，これを設置することができる」（教育基本法第6条第1項）としています。

② 特別支援学校の目的と目標

　特別支援学校はどのような目的と目標のもとで設置されるのでしょうか。特別支援学校の目的は，学校教育法第72条で以下のように規定されています。

> 　視覚障害者，聴覚障害者，知的障害者，肢体不自由者又は病弱者（身体虚弱者を含む。以下同じ。）に対して，幼稚園，小学校，中学校又は高等学校に準ずる教育を施すとともに，障害による学習上又は生活上の困難を克服し自立を図るために必要な知識技能を授けること。

　前段では，特別支援学校の対象となる障害を示すとともに，在籍者に対して小学校等に準ずる教育を行うとしています。特別支援学校は，基本的には小学校等と同じ教育を行うとした上で，後段では障害による学習上または生活上の困難を克服し自立するための知識技能を授けるのです。

　続いて，特別支援教育の目標についてです。ここでは小学部，中学部を例に取り上げます。

　一条校の目的と目標は，基本的に学校教育法に規定されます。小学校を例にあげると，目的は第29条に，目標は第30条第1項に併記されています。特別支援学校はというと，目的こそ第72条に規定していますが，目標に関しては学習指導要領に示すという変則的な形式をとっています。

　特別支援学校の目標は，現行の特別支援学校小学部・中学部学習指導要領の第1章総則の第1節「教育目標」に掲げられています。

＊2　義務教育学校：小学校から中学校までの義務教育を一貫して行う学校。2016年度に制度化され，2022年度では全国に178校が設置されている（令和4年度学校基本調査より）。

> 　小学部及び中学部における教育については，学校教育法第72条に定める目
> 的を実現するために，児童及び生徒の障害の状態や特性及び心身の発達の段
> 階等を十分考慮して，次に掲げる目標の達成に努めなければならない。
> 　1　小学部においては，学校教育法第30条第1項に規定する小学校教育の
> 　　目標
> 　2　中学部においては，学校教育法第46条に規定する中学校教育の目標
> 　3　小学部及び中学部を通じ，児童及び生徒の障害による学習上又は生活
> 　　上の困難を改善・克服し自立を図るために必要な知識，技能，態度及び
> 　　習慣を養うこと。

　これら目標は，学校教育法第72条の特別支援学校の目的の構成と整合させて
いることがわかります。すなわち，目標の1および2は，特別支援学校の目的
の前段を受けて小学校教育および中学校教育の目標を，目標の3は後段を受け
た独自な目標をそれぞれ掲げています。3は，自立活動の目標との整合を指摘
できます。

(3)　特別支援学校の設置とその基準

①　特別支援学校の設置

　特別支援学校は，学校教育法第80条の規定により，都道府県に設置義務を課
しています。同法では各部について，小学部および中学部を設置すべきこと（第
76条第1項），小学部および中学部のほかに幼稚部または高等部を設置できるこ
と（第76条第2項）をそれぞれ規定しています。なお，特別の必要のある場合は，
その限りではないこともあわせて示しています。

　また，特別支援学校には，特別の事情がある場合を除き，寄宿舎を設けるこ
と（第78条）とされ，寄宿舎における幼児・児童・生徒の日常生活上の世話お
よび生活指導に従事する寄宿舎指導員を置かなければなりません（第79条第1
項および第2項）。

②　特別支援学校設置基準とその規定

　特別支援学校は，学校教育法その他の法令の規定によるほか，特別支援学校

表10-1　特別支援学校設置基準の目次
（令和3年文部科学省令第45号）

第1章　総則（第1条・第2条）
第2章　学科（第3条・第4条）
第3章　編制（第5条—第12条）
第4章　施設及び設備（第13条—第18条）
附則

表10-2　特別支援学校各部の1学級の幼児，児童または生徒の数

	設置基準	単一の障害	重複障害
	第3章 第5条	視覚障害，聴覚障害， 知的障害，肢体不自由， 病弱（身体虚弱を含む）	左記の障害を 複数あわせ有する
幼稚部	第1項	5人以下	3人以下
小学部	第2項	6人以下	3人以下
中学部	第2項	6人以下	3人以下
高等部	第3項	8人以下	3人以下

注）ただし，特別の事情があり，かつ教育上支障がない場合はこの限りではない。
出所：特別支援学校設置基準第5条をもとに筆者作成。

設置基準[*3]（以下，設置基準）の定めるところにより設置することになります（表10-1）。設置基準は，学校教育法第3条の規定に基づき定められており，特別支援学校を設置する上での最低の基準であり（第1条第2項），特別支援学校の設置者は，特別支援学校の編制，施設および設備などが設置基準より低下した状態にならないことはもとより，これら水準の向上に努めなければならない（第1条第3項）としています。設置基準第3章「編制」および第4章「施設及び設備」に関する具体的な規定は，次の通りです。

　まずは第3章の「編制」です。1学級の幼児，児童または生徒の数（第5条）については表10-2にまとめました。

　次に第4章の「施設及び設備」です。特別支援学校の施設および設備は，指導上，保健衛生上，安全上および管理上適切なものでなければならない（第13条）とした上で，校舎および運動場の面積等（第14条），校舎に備えるべき施設としての教室，自立活動室，図書室等（第15条），その他の施設としての体育館

━━━━━━━━━━

＊3　令和3年文部科学省令第45号。

（第 16 条），校具および教具（第 17 条）をそれぞれ規定しています。

第 2 節　特別支援学校の現状

(1)　特別支援学校の設置数と在籍状況

①　特別支援学校の設置数

　表 10-3 は，特別支援学校等の設置数および在籍者数をまとめたものです。2021年度における特別支援学校の設置数は 1,160 校です。特別支援教育制度の始まりの年である 2007 年度が 1,013 校ですから，この間，およそ 150 校増えました。単一の障害種を対象とする学校（以下，単置校）は全 1,160 校のうち 895 校で，2007 年の 915 校に比べると 20 校減少していることがわかります。障害種別では，知的障害は 574 校で，2007 年の 505 校から唯一学校数を増やしています。それ以外の障害ではすべて減少しており，とくに肢体不自由では 2007 年の 159

表 10-3　特別支援学校等の設置数および在籍者数[注1]

	学校数	学級数	在籍者数				
			計	幼稚部	小学部	中学部	高等部
総計	1,160 (1,013)	36,701 (28,788)	146,285 (108,173)	1,301 (1,653)	47,815 (33,411)	31,810 (24,874)	65,359 (48,235)
小計 (単一障害種対象)	895 (915)	25,066	103,040	1,195	32,659	21,951	47,235
視覚障害	62 (71)	1,073	2,230	155	500	387	1,188
聴覚障害	85 (102)	1,688	4,938	954	1,685	998	1,301
知的障害	574 (505)	17,759	84,548	63	25,582	17,489	41,414
肢体不自由	118 (159)	3,638	9,330	22	4,182	2,416	2,710
病弱	56 (78)	908	1,994	1	710	661	622
小計 (複数の障害種対象)[注2]	265 (98)	11,635	43,245	106	15,156	9,859	18,124
知的・肢体	150 (70)	7,044	27,826	7	9,620	6,211	11,988
肢体・病弱	36 (11)	1,324	3,379	14	1,456	901	1,008
知的・肢体・病弱	26 (9)	1,126	4,098	3	1,336	895	1,864
視覚・聴覚・知的・肢体・病弱	17 (0)	661	2,329	15	757	603	954
知的・病弱	15 (8)	677	2,807	1	1,036	630	1,140
聴覚・知的	11 (0)	263	991	31	276	168	516

注 1）表中の（　）内の数値は 2007（平成 19）年 5 月のデータ。
注 2）複数の障害種対象とする学校のうち，多い順に 6 つの組み合せを選定掲載。
出所：文部科学省（2022b）をもとに筆者作成。

校から 2021 年には 118 校に減っています。

　その一方，複数の障害種を対象とする学校（以下，併置校）は 265 校で，2007 年の 98 校からその数を大きく増やしています。内訳をみると，知的障害と肢体不自由の併置校が 150 校と最も多く，知的障害者を対象とする特別支援学校は単置校と併置校を合わせると 801 校に達し，特別支援学校全体の約 70％を占めることがわかります。肢体不自由者を対象とする特別支援学校は，単置校は減少しつつも，併置校が増加していることから肢体不自由者を対象とする特別支援学校は 354 校となり，制度化当初に比べて大きく増えています。病弱者を対象とする特別支援学校に関しても肢体不自由者と同じ傾向を指摘できます。

② 特別支援学校の在籍者数

　特別支援学校の在籍者の数は，146,285 人です（表 10-3）。2007 年の 108,173 人に比べて大きく数を増やしています。部ごとの内訳では，幼稚部では 2007 年の 1,653 人に比べて 1,301 人に減少しているほかは，小学部 47,815 人（2007 年 33,411 人），中学部 31,810 人（同 24,874 人），高等部 65,359 人（同 48,235 人）とも増加しています。

　在籍者の数に関しては，高等部が最も多いのも特徴の 1 つです。第 11 章でふれるように，中学校までは知的障害や自閉症・情緒障害の特別支援学級の在籍者が急増する中で，後期中等教育段階への進学にあたり，知的障害生徒の多くが特別支援学校高等部へ進学することがその要因となっています。

(2)　在籍者の障害の状況と近年の動向

　表 10-4 は，特別支援学校のうち，単置校に着目して，重複障害学級在籍者数と在籍率を示したものです。この表からは，特別支援学校に在籍する児童生徒の障害の状態の特徴を把握することができます。

　第一の特徴は，児童生徒の障害の重複化です。これは，複数の障害をあわせ有する重複障害者の存在に着目するものです。重複障害者の在籍率は，知的障害の 15.2％から肢体不自由の 84.9％まで大きな幅はありますが，ほかは 20％台から 30％台です。重複障害者の状態像は複雑で教育的ニーズも多様となります。

表 10-4　特別支援学校（単置校）における重複障害学級児童生徒数と在籍率[*4]

障害種別	小学部		中学部		高等部		計	
	児童数	在籍率	生徒数	在籍率	生徒数	在籍率	児童生徒数	在籍率
視覚障害	247	49.4%	172	44.4%	201	16.9%	620	29.9%
聴覚障害	462	27.4%	226	22.6%	225	17.3%	913	22.9%
知的障害	5,338	20.9%	3,357	19.2%	4,185	10.1%	12,880	15.2%
肢体不自由	3,704	88.6%	2,044	84.6%	2,151	79.4%	7,899	84.9%
病弱	281	39.6%	185	28.0%	254	40.8%	720	36.1%

出所：文部科学省特別支援教育資料，2021（令和 3）年度をもとに筆者作成。

　また，病弱を除いた各障害では，重複障害者の在籍率は小学部が最も高く，学部が進むにともなって低減する傾向にあります。

　第二の特徴は，児童生徒の障害の重度・重複化です。肢体不自由の特別支援学校では，脳性まひを含む脳性疾患の児童生徒が多く在籍しています。そのことが，肢体不自由特別支援学校の重複障害の在籍率の高さの要因となっています。加えて脳性疾患では，脳の損傷部位や広がりにより，運動機能の障害をはじめ様々な随伴障害が仮定され，それら障害の程度も重度化しています。いわゆる重度・重複障害者に注目するものです。

　なお，在籍率の算出法が異なる併置校を除きましたので，厳密には特別支援学校全体の動向を反映したものではありません。

(3)　地域における特別支援教育のセンター的機能とその取り組み状況

①　センター的機能の今日的意義

　現在，小学校等に在籍する障害のある子どもが増加する中で，その指導の質を確保することが課題となっています。2017 年 3 月告示の小学校学習指導要領等では，総則に特別支援学校等の助言または援助を活用することが，同年 4 月

[*4]　単置校は，特別支援学校の対象となる 5 つの障害種のうち，いずれか 1 つの障害を有する者を対象とするが，当該学校に就学することとなった障害以外に他の障害をあわせ有する重複障害者が多く在籍する。これら重複障害者は，基本的には重複障害学級に在籍する。表 10-4 は，特別支援学校（単置校）の重複障害学級在籍者数と在籍率を示したものである。なお，障害の組み合わせが同じ重複障害者が障害種の異なる特別支援学校にそれぞれ在籍することはある。個々の重複障害者の就学先は，障害の状態，本人の教育的ニーズ，本人・保護者の意見，専門家の意見等を踏まえ，総合的な観点から決定されることによる。

告示の特別支援学校小学部・中学部学習指導要領等では，特別支援学校の教師の専門性等を生かした地域における特別支援教育のセンターとしての役割を果たすよう努めることがそれぞれ明記されました。わが国のインクルーシブ教育システムにおいて，特別支援学校が連続性のある「多様な学びの場」に位置づけられたのです。

② センター的機能の取り組み状況

　本稿では，特別支援学校のセンター的機能の取り組みに関する状況調査報告（文部科学省，2008, 2017）に基づき，特別支援教育制度への転換後の当該事項に関わる動向を概観します。なお，2017年度の調査対象校のうち，公立の特別支援学校947校のデータを取り上げることとします。

　2005（平成17）年12月の中央教育審議会特別委員会の「特別支援教育を推進するための制度の在り方について（答申）」において，センター的機能としてあげられた6つの機能[*5]のうち，障害のある幼児児童生徒への指導，あるいは小学校等の教員への相談・支援に関わる機能に着目し，小・中学校等の教員への支援機能，特別支援教育等に関する相談・情報提供機能，障害のある幼児児童生徒への指導・支援機能の3つを取り上げます。

　第一は，小・中学校等の教員への支援機能です。小・中学校等の教員からの相談件数は延べ145,102件，1校当たりの平均件数は153.2件です。2007年度の同調査では延べ87,685件，1校当たりは平均101件でしたので，相談件数の飛躍的な増加が見て取れます。学校種別は，小学校教員が69,202件（全校種の47.7％）と最も多く，幼稚園教員等が30,790件（同21.2％），中学校等教員が27,216件（同18.8％）と続いています。高等学校等教員は6,716件（同4.6％）と他校種に比べ極端に少ない状況にあります。相談者別では，特別支援学級担任が最も多く，全回答校のうち92.9％が対応をしていました。次いで，通常の学級担任

＊5　「特別支援教育を推進するための制度の在り方について（答申）」では，特別支援学校に期待されるセンター的機能として，①小・中学校等の教員への支援機能，②特別支援教育等に関する相談・情報提供機能，③障害のある幼児児童生徒への指導・支援機能，④福祉，医療，労働などの関係機関等との連絡・調整機能，⑤小・中学校等の教員に対する研修協力機能，⑥障害のある幼児児童生徒への施設設備等の提供機能，の6つを例示している。

が 90.4%，特別支援教育コーディネーターが 84.7%と続き，管理職は 61.2%でした。

　相談内容については，指導・支援に係る相談・助言が最も多く，全回答校のうち 95.4%が対応し，障害の状況等に係る実態把握・評価等が 87.2%，就学や転学等に係る相談・助言が 83.8%と続きます。いずれも 2007 年比で微増しています。個別の指導計画の作成に係る相談・助言は 57.6%と相対的に低い水準にとどまっており，2007 年比でもわずかに低下しています。

　第二は，特別支援教育等に関する相談・情報提供機能です。子どもおよび保護者からの相談件数は延べ 133,007 件，1 校当たりの平均件数は 140.5 件です。2007 年の同調査では延べ 111,405 件，1 校当たりは平均 128.3 件でしたので，相談件数は着実な増加が見て取れます。相談者の内訳は，幼稚園等の幼児が 34,910 件（全校種の 26.2%），2 歳までの乳児が 34,759 件（同 26.1%），小学校の児童が 32,798 件（同 24.7%）と最も多く，高等学校の生徒では 3,000 件（同 2.3%）にとどまっています。就学前段階での相談件数が約半数を占めることがわかります。相談内容については，進路や就労に係る相談・助言が 53.8%と最も多いものの，教員からの相談内容に比べ全体的に低い割合となっていることが特徴といえます。

　第三は，障害のある幼児児童生徒への指導・支援機能です。子どもへの直接的な指導を実施する公立特別支援学校は 35%で，実施していないとする 65%に比べ少ない状況です。2007 年の同調査では，子どもを担任する教員からの相談内容のうち，子どもへの直接的な指導は 476 件で全回答の 54.8%を占めていましたので，その割合は大きく減少していることになります。

　取り上げた 3 つの機能は，地域の特別支援教育を担う教員および障害のある子どもへの支援・相談に関わるものです。資料からは，教員への相談・支援等に関わる依頼が増大する中で，障害のある子どもへの直接的な指導・支援が減少していることが読み取れます。地域からの多様な要請に対して，どのような専門性をもってセンター的機能を担うのか，特別支援学校における関係人材の確保や相談支援体制の再構築が求められるのではないでしょうか。

▌第3節　特別支援学校における教育上の今日的課題

(1)　在籍者の増加にともなう教室等の不足について

　特別支援学校，とりわけ，知的障害者の教育領域を置く特別支援学校は，中学校の知的障害特別支援学級在籍者の多くが進学することなどから，顕著な在籍者の増加が認められます。このことは，結果として教室不足や施設設備の狭隘化の問題として顕在化しています。

　2021年10月1日時点で，公立特別支援学校1,096校（休校中の学校を除く）における教室の不足数は3,740教室であり，2019年5月1日時点の3,162教室と比べても増加しています。都道府県別では，21の道県が減少していたものの，26都府県で増加しており，大阪府の493教室，東京都の308教室が突出して多いことがわかります（文部科学省，2022a）。

　文部科学省は，教室不足の解消に向けて，公立特別支援学校の新増築等の施設整備に対しては優先的に国庫補助を実施するとともに，既存施設を特別支援学校用に供する改修事業に対して，2020年度から2024年度までを集中取り組み期間として，国庫補助率を3分の1から2分の1に引き上げたところです。

(2)　在籍者の障害の重度化，重複化等による医療的ケアの実施について

①　医療的ケアとは

　医療的ケア児及びその家族に対する支援に関する法律の第2条によれば，医療的ケアとは，人工呼吸器による呼吸管理，喀痰吸引その他の医療行為をさします。また同条では医療的ケア児を，「日常生活及び社会生活を営むために恒常的に医療的ケアを受けることが不可欠である児童（十八歳未満の者及び十八歳以上の者であって高等学校，中等教育学校の後期課程及び特別支援学校の高等部に在籍する者）」と規定しています。

　ここでは，医療的ケアを医療行為としたことに注目します。人体に危害を及

───────────

＊6　喀痰吸引：たんを吸引して取り除く処置のこと。

ぽす，あるいは危害を及ぼすおそれのある医療行為は，医学的判断および技術を有す医師が行う原則を確認したものといえます（医師法第 17 条）。

② 医療的ケアに関する動向

　学校における医療的ケアのあり方や体制整備等に関わる動向を整理します。

　医療的ケアに関する動向は，いくつかの段階を経て今日に至っています。

　第一は，1988 年頃の東京都や横浜市などの大都市圏において，医療的ケアを必要とする障害のある子どもの存在とその就学が注目された時期です。背景には，1979 年度からの養護学校教育の義務制や医療技術の進歩等により，重度・重複障害児の在宅，あるいはおもに肢体不自由養護学校における医療的ケアが大きな話題となりました。東京都では医療的ケアを必要とする児童生徒の就学措置を原則訪問学級とし，通学する場合には保護者の付き添いを求めました。黎明期と位置づけられる段階です（下川，2012）。

　第二は，学校教育における医療的ケアの実施体制の構築期です。医療的ケアを必要とする子どもの存在が全国的に顕在化する中で，文部科学省は厚生労働省との連携により，1998（平成 10）年度から 2000（平成 12）年度まで「特殊教育における福祉・医療等との連携に関する実践研究」事業を 10 県に委嘱し，教員によるたんの吸引（咽頭手前[*7]），経管栄養[*8]，自己導尿[*9]の補助の 3 つの行為の実施可能性を検討しました。さらに，2001 年度から 2 年間に，看護師による対応を含めた養護学校における医療的ケア実施体制に関する実践研究を実施しました。これに引き続き文部科学省と厚生労働省は，養護学校における医療的ケアの実施体制の充実に向けて，2003 年度から 2 年間にわたり，委嘱自治体を大幅に増やして，「養護学校における医療的ケアに関するモデル事業」を実施しました。

　一連の事業では，医療が安全に提供されたことによる下記などの効果が指摘

＊7　咽頭手前：教員がたんの吸引を行う場合に，その範囲を咽頭手前までと限定したこと。咽頭の奥は実施範囲の対象外となる。

＊8　経管栄養：咳や嘔吐，喘鳴等の問題がない児童生徒で，留置されている管から流動食や栄養剤の注入を行うこと。

＊9　自己導尿：定時に児童生徒自身が尿管に管を入れて，膀胱から尿を体の外へ出すこと。教員は導尿を実施できないため，児童生徒に対して安全かつ衛生的に実施できるように補助することになる。

されました（厚生労働省，2004）。

　ア　授業の継続性の確保
　イ　訪問教育から通学への移行
　ウ　登校日数の増加
　エ　親から離れて教育を受けることによる本人の自立性の向上
　オ　教育の基盤である児童生徒等と教員との信頼関係の向上
　カ　健康管理の充実
　キ　生活リズムの確立

　また，同報告では，たんの吸引等が必要になったときに備えた保護者の学校待機の必要がなくなり，保護者の心理的・物理的負担の軽減効果も観察されたとしています。モデル事業等のもとでの関係者の協力による3つの行為は，おおむね安全に行いうることが実証され，教育の成果が上がったと評価されました。

　学校教育の場における医療的ケアの提供は，基本的には子どもの教育を受ける権利を保障するものであり，また主体的な学習に臨むための基盤を整えるものです。また，保護者，家族の自己実現の機会の提供にも役立つものであり，ここに，学校における教員の医療的ケアに関わることの意義を見出せるのです。言い換えると，医療的ケアの実施のみを目的とするものではないといえます。

　第三は，法制度に基づく医療的ケアの実施の時期です。それまでは，特別支援学校等において，当面のやむを得ない必要な措置（実質的違法性阻却）として，教員等がたんの吸引・経管栄養のうちの一定の行為を実施することを運用によって認めてきました。しかし，このような運用による対応ではなく，そもそも法律において位置づけるべきとの考え方によるものです。

　2012年に改正された社会福祉士及び介護福祉士法では，喀痰吸引等の業務の登録認定を受けた介護職員等（以下，認定特定行為業務従事者）が一定の条件下で特定の医療的ケアを実施できるとされました。文部科学省は，2011年12月に「特別支援学校等における医療的ケアへの今後の対応について[*10]」を通知し，特別支援学校等において主として特定行為を実施する上での留意事項を示すととも

に，実施体制の整備を促しました。さらに文部科学省は 2017 年 10 月に，「学校における医療的ケアの実施に関する検討会議」を設置し，特定行為以外の医療的ケアを含め，特別支援学校のみならずすべての学校における医療的ケアの基本的な考え方を再度検討し，医療的ケアを実施する際の留意事項等を整理し，2019 年 2 月に，最終まとめを行いました。

　2021 年，医療的ケア児の健やかな成長を図るとともに，その家族の離職の防止に資し，それによって安心して子どもを生み，育てることができる社会の実現に寄与することを目的とした「医療的ケア児及びその家族に対する支援に関する法律」（令和 3 年法律第 81 号）が成立しました。

③　医療的ケアの実態

　学校における医療的ケアに関する実態の調査（文部科学省，2022b）によれば，2021（令和 3）年 5 月時点で，特別支援学校に在籍する医療的ケア児の数は，8,485 人です。部別の内訳は，小学部が最も多く 4,295 人，次いで高等部 2,105 人，中学部 2,044 人，幼稚部の 41 人です。在籍形態別では，通学が 6,482 人，訪問教育が 2,003 人です。実施されている医療的ケアは延べ 31,018 件で，行為別では，喀痰吸引（口腔内）5,072 件，喀痰吸引（鼻腔内）4,905 件，経管栄養（胃ろう）4,818 件の順で多いことがわかります。ちなみに，小学校等における実施の行為は件数としては少ないものの，導尿や血糖値測定・インスリン注射，喀痰吸引（気管カニューレ内部）が多いことに特徴があります。

(3)　センター的機能の充実

　特別支援学校のセンター的機能の取り組み状況を分析し，今後，検討すべき課題の抽出とその対応について整理します。

①　検討すべき課題は何か

　取り組み状況からは，高等学校の教員または生徒・保護者からの相談件数が

＊10　通知番号 30 文科初第 1769 号。

他の校種に比べて少ないこと，全校種での相談内容のうち，個別の指導計画の作成に係る相談・助言が他の内容に比べ相対的に低いレベルにあること，自校以外に在籍する子どもへの直接的な指導の実施割合が低下していること等に注目します。このことは，指導・支援ニーズの偏在として指摘できます。

　ニーズの偏在の背景には，複数の課題の存在を仮定できます。

　第一は，特別支援教育の本質に関する小学校等の教員の理解に関する課題です。特別支援教育の本質とは，子ども一人ひとりが固有の教育的ニーズを有し，主体的な学習を展開する存在であるとの前提から，教師は自立活動の指導等にあたり，個別の指導計画を作成し，授業のデザイン・実施・評価の過程において相互の関連を図りながら一人ひとりの学びを具現することが求められます。このように，個別の指導計画の作成と活用は特別支援教育の本質を体現する上で極めて重要であるにもかかわらず，相談内容として上がってこない現状は，小学校等の教員の個別の指導計画の理解が広がっていないことに加え，どのように作成，活用するのかの手続き・方法が確立されていない課題があると考えられます。

　第二は，高等学校段階での制度の空白化という課題です。高等学校段階での相談件数の少なさは，特別支援学級や通級による指導が整備されていないことが関与しており，結果として教員をはじめとした生徒本人・保護者の関心の低さにつながっていると推察できます。2018（平成30）年度からは，高等学校等において通級による指導が導入され，義務教育段階から後期中等教育段階まで切れ目ない支援体制整備が進められており，通級による指導の学校間ギャップの解消が期待されています。

　第三は，特別支援学校の指導・支援に係る学校体制に関する課題です。教室における指導から機能的に分離された相談支援に関わる部署を設置して，地域からの多様で，増加の一途をたどる相談に迅速かつ効率的に対応するには限界があります。直接的な指導の実施が少ない背景には，こうした特別支援学校の指導・支援の体制の課題が想定できます。

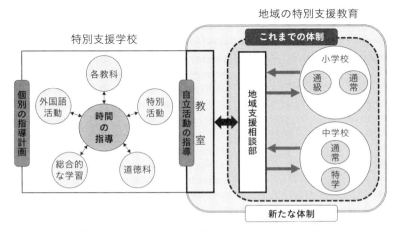

図 10-1　「教室」での自立活動の指導を活用したセンター的機能の充実

② 今後特別支援学校は課題にいかに対応するか

　地域の教員などの指導・支援のニーズは，障害がある子どもやその指導に関わる知識や理解，あるいは教員個人の指導観や信念（belief）などが関与して形成されると考えられます。いわば，教員個人内の基準等により指導・支援ニーズとして顕在化することもあれば，基準の網を抜ければ顕在化しないこともあります。センター的機能は，本来，子どもの教育的ニーズに寄り添うべきものであり，このような視点に立てば，教員などの指導・支援ニーズとして顕在化してこない内容にも目を向けなければなりません。教員等の指導・支援ニーズの偏在にはこのような視点からの再評価が求められるのです。

　また，センター的機能は，特別支援学校が有する専門性等をもって地域の要請に応える，いわば特別支援学校から地域支援へという「一方向」型を仮定しています。担当部署は，分掌上基本的に学校組織から独立し，相談支援に係る知識技能を有する教員を配置して対処する体制です（図10-1の破線枠内）。しかし，上述のように，今後，ニーズの多様化や相談の量的拡大が想定される中では，この体制では指導・支援に関わる質的，量的な対応に限界が生じることになります。

　特別支援学校は，取り組み状況報告から垣間見える，地域において潜在化し

たニーズを積極的に掘り起こし，特別支援学校の教室の指導と協働して指導・支援コンテンツを提供できるような学校体制を再構築することが大切となります（図10-1の二重線枠内）。特別支援学校の教室で日常的に取り組まれている「自立活動の時間における指導」と「教科等における自立活動の指導」との関連等の課題は，まさに小学校等における「通級指導教室での自立活動の時間における指導」と「通常の学級における教科指導」との関連に通ずるものです。活用すべきコンテンツは，教室との協働なしには生み出し得ないとの考え方に依拠するものであり，地域のニーズに向き合うことで特別支援学校の教室での指導の改善，高度化も期待できるものです。これまで「一方向」型であった特別支援学校のセンター的機能を，地域のニーズ等を特別支援学校教室での指導へと反映させてその指導の質を高める，いわば「往還」型システムの構築となります。

(4)　特別支援学校教員に求められる専門性とは

①　教員の専門性の確保の視点から

　特別支援学校の教員は，特別支援学校教員免許状のほか，特別支援学校の各部に相当する学校教員免許状（基礎免許状）を有しなければならない（教育職員免許法第3条第3項）としつつ，同法附則第16項において，当分の間，基礎免許状があれば，特別支援学校の相当する各部の教諭等になることができるとされています。当該免許状の保有をもって専門性を担保するという考え方に基づけば，附則は早急に解消されるべきと指摘される中で，施策としては免許法認定講習などによる特別支援学校教員免許状の保有率の向上策として取り組まれてきました。このような状況は，教員の専門性に係る本質的な議論が，免許状の保有率の議論にすり替わる可能性の指摘にもつながっています。

　ここでは教員の専門性をいかに確保するかという視点から，まず法令に定める免許状の保有率向上の取り組みを紹介し，次に特別支援学校教育の現状から求められる教員の専門性について概説します。

　2021年度における特別支援学校教員の当該学校教諭免許状の保有率は，教員全体で86.5％，新規採用者等で80.3％でした。特別支援教育制度への転換前の

2006 年度においては，前者が 61.1％，後者が 59.1％でしたので，特別支援教育制度転換後において保有率が向上していることがわかります。一方，障害種別の特別支援学校教諭免許状の保有率は，知的障害教育領域の 89.5％，肢体不自由教育領域の 87.9％，病弱教育領域の 80.4％であるのに対して，視覚障害教育領域では 66.2％，聴覚障害教育領域で 61.0％でした。視覚障害及び聴覚障害教育領域免許状の保有率は低い状況にあります。両免許状の取得可能な教員養成大学・学部が少ないことが要因と考えられます。このような現状を受けて，独立行政法人国立特別支援教育総合研究所では，2016 年度にインターネットによる視覚障害および聴覚障害教育領域に関わる免許法認定通信教育を開講しました。

　また，2021 年 10 月，文部科学省は「特別支援教育を担う教師の養成の在り方等に関する検討会議」を設置し，教職課程コアカリキュラム W G との連携のもと，教職課程コアカリキュラムの策定や特別支援教育に関わるすべての教師の専門性向上に関わる検討を行いました。そして 2022 年 7 月，特別支援学校教諭免許状コアカリキュラムを策定し通知しました。これは，学習指導要領の改訂等の重要事項（例えば，自立活動や教育課程）のミニマムエッセンシャルズを，教育職員免許法施行規則第 7 条の各欄の関係や科目間の関係を踏まえ，効率的に配置するよう検討したものです。このことは，特別支援学校教諭免許状の保有の量的向上だけでなく，教員養成カリキュラムの中身，すなわち質的向上を図るものでもあります。

② 　教員の専門性をどのように捉えるか

　教員の専門性は，これまで教員個人に帰属する問題として語られてきました。子ども一人ひとりの教育的ニーズに基づいた指導を具現する特別支援教育においては，これまでも，そしてこれからも教員個人次元の専門性の議論として深めていかなければなりません。翻って，特別支援学校における教育の現状に目を向けると，知的障害教育をはじめとした特別支援教育におけるティーム・ティーチングの導入，卒業後の就労，進学などのキャリアに係る指導・支援の実施，医療的ケアやセンター的機能の実施等々において，多様な教員間，ある

いは医療・福祉・労働の専門家との連携や協働に注目できます。複数の関係者との連携・協働による新たな教育課題については,「チームとしての学校」の概念の下で議論された（中央教育審議会, 2019）ところであり, 教員の専門性に係る協働モデルとみなせます（安藤, 2021）。

　この協働モデルは多様な教員, 専門家との協働を前提とするゆえに, 教員としての役割や独自性の自覚につながることが期待できます。そして若手の教員の割合が高くなる中で, 協働の場に中堅, ベテランの教員を積極的に配置し, メンタリング機能をもって若手教員の専門性育成に貢献することも期待できるでしょう。

【文　献】

安藤隆男（2021）. 新たな時代における自立活動の創成と展開：個別の指導計画システムの構築を通して　教育出版

中央教育審議会（2019）. チームとしての学校の在り方と今後の改善方策について（答申）　https://www.mext.go.jp/b_menu/shingi/chukyo/chukyo0/toushin/__icsFiles/afieldfile/2016/02/05/1365657_00.pdf（2023年3月30日閲覧）

厚生労働省（2004）. 盲・聾・養護学校におけるたんの吸引等の医学的・法律学的整理に関するとりまとめ　https://www.mhlw.go.jp/shingi/2004/09/s0917-3.html（2023年3月30日閲覧）

文部科学省（2008）. 平成19年度特別支援学校のセンター的機能の取組に関する状況調査について　https://www.mext.go.jp/a_menu/shotou/tokubetu/material/022.htm（2023年3月19日閲覧）

文部科学省（2017）.平成27年度特別支援学校のセンター的機能の取組に関する状況調査について　https://www.mext.go.jp/a_menu/shotou/tokubetu/material/1383107.htm（2023年3月19日閲覧）

文部科学省（2022a）. 公立特別支援学校における教室不足調査の結果について　https://www.mext.go.jp/content/20220301-mxt_sisetujo-000019936_01.pdf（2023年月19日閲覧）

文部科学省（2022b）. 特別支援教育資料（令和3年度）　https://www.mext.go.jp/a_menu/shotou/tokubetu/material/1406456_00010.htm（2023年9月5日閲覧）

下川和洋（2012）. 医療的ケアの必要な子どもへの支援：教育の立場から　小児保健研究, *71*（5）, 647-653.

特別支援学級・通級による指導の現状と課題

本章では，特別支援学級および通級による指導に焦点を当て，設置の根拠や小学校等における特別支援教育の現状と課題について概説します。地域の特別支援教育のセンター的機能を担う特別支援学校の教員を目指すみなさんには，このことに大いに関心を持ち，学びを深めることを期待します。

第 I 節　特別支援学級の現状と課題

(1)　特別支援学級とは

　小学校等において障害のある児童生徒に対し，障害による学習上または生活上の困難を克服するために設置される学級です。2007 年度からの特別支援教育への制度転換にあたり，それまでの特殊学級が特別支援学級と改称されました。

①　設置

　特別支援学級は，小学校，中学校，義務教育学校，高等学校および中等教育学校に設置できます（学校教育法第 81 条第 2 項）。また，疾病により病気療養中の児童生徒に対して，特別支援学級を設け，または教員を派遣して教育を行うことができるとされます。

②　対象

　特別支援学級の対象は，知的障害者，肢体不自由者，身体虚弱者，弱視者，難聴者，その他障害のある者で，特別支援学級において教育を行うことが適当なもの（学校教育法第 81 条第 2 項）です。その他障害のある者とは，言語障害者，自閉症者・情緒障害者をさします[*1]。特別支援学級の対象は，上記のうちいずれか

にあてはまる者となります。

③　編制基準

　特別支援学級の1学級の児童生徒の数は，小学校（義務教育学校の前期課程を含む），中学校（義務教育学校の後期課程および中等教育学校の前期課程を含む）いずれも8人を標準（公立義務教育諸学校の学級編制及び教職員定数の標準に関する法律）として，都道府県の教育委員会が定めることになります。

④　教育課程の考え方と編成

　特別支援学級は，設置されることとなった小学校等の教育課程の基準に基づいて編成することが前提となります。しかし，障害の状態等により学習上または生活上の困難が想定される児童生徒は，より個別的な教育的ニーズを踏まえた指導を展開する必要があることから，学校教育法施行規則第138条では，特別の教育課程によることができると規定されています。特別の教育課程では，特別支援学校小学部・中学部学習指導要領を参考として，実情に合った教育課程を編成する必要があります。なお，特別の教育課程を編成する場合であっても，学校教育法に定める小・中学校の目的および目標を達成するものでなければならないとされています。

　2017年3月に告示された小学校学習指導要領の第1章総則の第4「児童の発達の支援」，2（1）「障害のある児童などへの指導」において，特別の教育課程は次の通り編成するとされました。

> （ア）障害による学習上又は生活上の困難を克服し自立を図るため，特別支援学校小学部・中学部学習指導要領第7章に示す自立活動を取り入れること。

＊1　「障害のある児童生徒の就学について」（平成14年5月，文部科学省初等中等教育局長通知，通知番号14文科初第291号）および「『情緒障害者』を対象とする特別支援学級の名称について」（平成21年2月，文部科学省初等中等教育局長通知，通知番号20文科初第1167号）も参照のこと。

> （イ）児童の障害の程度や学級の実態等を考慮の上，各教科の目標や内容を下学年
> 　　の教科の目標や内容に替えたり，各教科を，知的障害者である児童に対する教
> 　　育を行う特別支援学校の各教科に替えたりするなどして，実態に応じた教育課
> 　　程を編成すること。

　これらの規定に加え，個別の教育的ニーズを踏まえた指導を具現するために，個別の指導計画や個別の教育支援計画を作成，活用すること，特別支援学校のセンター的機能を活用することが盛り込まれました。特別支援学級に在籍する児童生徒が増加する中で，その指導の質を確保するために，学習指導要領には地域の特別支援教育の資源の活用と連携，個別の教育的ニーズに応じた指導を具現するためのツールの作成，活用が明記されたといえます。

（2）　特別支援学級の設置状況と動向

　特別支援学級は，前述のように学校教育法第81条第2項により，小学校，中学校，義務教育学校，高等学校，中等教育学校に設置できますが，現状においては，高等学校および中等教育学校には設置されていません。

①　設置状況の概観

　表11-1は，2022年度の特別支援学級数と在籍者数を表したものです。義務教育段階における特別支援学級の設置状況を把握するために，小学校，中学校に，義務教育学校を加えました。特殊教育制度の最後の年度となる2006（平成18）年度における特殊学級の設置状況（文部科学省，2007）との比較を通して，特別支援教育制度下における特別支援学級設置の動向を明確にするものです。なお，義務教育学校は2016年に制度化されたため，2006年度は小学校，中学校のみのデータとなります。

　まず，2021年度における特別支援学級を設置する小学校，中学校は，それぞれ16,460校，7,958校でした。小学校全体または中学校全体のうち，特別支援学級を設置する割合（設置率）を算出すると，小学校で85.9％，中学校で79.5％でした。2006年度の設置率は，小学校で62.8％，中学校で61.1％でした。また，

表 11-1　特別支援学級の数と在籍者数

障害種別	小学校		中学校		義務教育学校		合計	
	学級数	在籍者数	学級数	在籍者数	学級数	在籍者数	学級数	在籍者数
知的障害	22,141 41.6%	108,802 43.5%	9,953 43.9%	46,367 46.5%	338 43.2%	1,492 45.3%	32,432 42.3%	156,661 44.3%
肢体不自由	2,295 4.3%	3,353 1.3%	832 3.7%	1,134 1.1%	32 4.1%	52 1.6%	3,159 4.1%	4,539 1.3%
病弱・ 身体虚弱	2,026 3.8%	3,181 1.30%	914 4.0%	1,487 1.50%	28 3.60%	38 1.20%	2,968 3.9%	4,706 1.3%
弱視	401 0.8%	461 0.2%	153 0.7%	172 0.2%	4 0.5%	5 0.2%	558 0.7%	638 0.2%
難聴	968 1.8%	1,364 0.5%	418 1.8%	563 0.6%	15 1.9%	18 0.5%	1,401 1.8%	1,945 0.6%
言語障害	538 1.0%	1,113 0.4%	143 0.6%	202 0.2%	6 0.8%	16 0.5%	687 0.9%	1,338 0.4%
自閉症・ 情緒障害	24,898 46.7%	132,061 52.8%	10,257 45.2%	49,887 50.0%	360 46.0%	1,670 50.7%	35,515 46.3%	183,618 52.0%
総数	53,267	250,335	22,670	99,812	783	3,291	76,720	353,438

注）下段は当該学校全体に占める割合。
出所：文部科学省学校基本調査，2022（令和 4）年度をもとに筆者作成。

2021 年度における 1 校当たりの設置学級数は，小学校で 3.1 学級（2006 年 1.7 学級），中学校で 2.7 学級（同 1.6 学級）でした。小学校，中学校における特別支援学級の設置率および 1 校当たりの設置学級数が大幅に増えていることを看取できます。

　次に，特別支援学級および在籍者の数の動向です。表 11-1 によれば，2022 年における小学校の学級数は 53,267 学級，在籍者数は 250,335 人でした。2006 年における小学校の学級数，在籍者数は，それぞれ 24,994 学級，73,151 人でしたので，2022 年は，2006 年比で学級数で 2.1 倍，在籍者数で 3.4 倍となっています。また，2022 年における中学校の学級数は 22,670 学級，在籍者数は 99,812 人でした。2006 年の中学校の学級数，在籍者数は，それぞれ 10,952 学級，31,393 人でした。2006 年比で学級数が 2.1 倍，在籍者数が 3.2 倍となっており，義務教育学校のデータを加えると，義務教育段階における特別支援学級および在籍者の数は，少子化が指摘される中で，急激に増加していることがわかります。

　もう 1 つ着目しておかなければならないのは，1 学級当たりの在籍者数です。2022 年における 1 学級当たりの在籍者数は，小学校で 4.7 人，中学校で 4.4 人

でした。2006 年では小学校，中学校共に 2.9 人でしたので，学級，在籍者の総数だけでなく，1 学級当たりの在籍者数も増加しているのがわかります。ちなみに，知的障害学級と自閉症・情緒障害学級の 1 学級当たりの在籍者数は，小学校でそれぞれ 4.9 人と 5.3 人，中学校で 4.7 人と 4.9 人でした。全障害を通した在籍者数を上回る数となっています。

② 障害種による設置の状況

　表 11-1 では，特別支援学級の設置状況について障害種別に掲載しました。この表からは，障害種による学級数および在籍者数に大きな差異があることを読み取れます。知的障害特別支援学級と自閉症・情緒障害学級は，学級数でそれぞれ 42.3%，46.3%，在籍者数では 44.3%，52.0% になります。全学級数の 88.6%，全在籍者数の 96.3% がこの 2 つで占めることになります。在籍者数の割合では，弱視，難聴，言語障害は全在籍者数に対して 1% 未満でした。

(3) 特別支援学級における教育の現状と課題

① インクルーシブ教育システムにおける交流及び共同学習

❶ 交流及び共同学習の意義と目的

　わが国では，インクルーシブ教育システムの構築とその推進が重要な課題となっています。特別支援学級に在籍する児童生徒が増加する中で，小学校等における障害のある児童生徒と障害のない児童生徒が可能な限り同じ場で共に学ぶことについて，交流及び共同学習の考え方と現状を整理します。

　交流及び共同学習は，「障害のある子供にとっても，障害のない子供にとっても，経験を深め，社会性を養い，豊かな人間性を育むとともに，お互いを尊重し合う大切さを学ぶ機会となるなど，大きな意義を有する」とされています（文部科学省，2019）。

❷ インクルーシブ教育システムにおける交流及び共同学習の位置づけ

　わが国は，特別支援教育の制度がスタートした 2007 年の 9 月に障害者の権利に関する条約（Convention on the Rights of Persons with Disabilities）に署名しました。批准に向けて，同条約の規定と国内の関連法令との整合性を図る必要性か

ら，2011 年 8 月の障害者基本法の改正，2012 年 6 月の障害者総合支援法の成立，2013 年 6 月の障害者差別解消法の成立と障害者雇用促進法の改正を行いました。そして 2014 年 1 月に批准書を寄託しました。

　改正された障害者基本法では，教育に関する規定を第 16 条に示しました。第 1 項では，「国及び地方公共団体は，障害者が，その年齢及び能力に応じ，かつ，その特性を踏まえた十分な教育が受けられるようにするため，可能な限り障害者である児童及び生徒が障害者でない児童及び生徒と共に教育を受けられるよう配慮しつつ，教育の内容及び方法の改善及び充実を図る等必要な施策を講じなければならない」とするとともに，第 3 項で「障害者である児童及び生徒と障害者でない児童及び生徒との交流及び共同学習を積極的に進めることによって，その相互理解を促進しなければならない」としました。「交流及び共同学習」の用語を用い，改めてその重要性を明記したのです。

　これを受けて，2012 年 7 月，中央教育審議会初等中等教育分科会特別支援教育の在り方に関する特別委員会は，「共生社会の形成に向けたインクルーシブ教育システム構築のための特別支援教育の推進（報告）」をとりまとめました。本報告では，インクルーシブ教育システムにおいては，同じ場で共に学ぶことを追求するとともに，個別の教育的ニーズのある障害のある子どもに対して，自立と社会参加を見据えて，その時点で教育的ニーズに最も的確に応える指導を提供できる，連続性のある「多様な学びの場」を用意しておくことが必要であるとしました。そしてインクルーシブ教育システムを進めるにあたり，個々の子どもが，授業内容を理解し学習活動に参加している実感・達成感を持ちながら，充実した時間を過ごしつつ，生きる力を身につけていけるかどうかが本質的な視点であるとしました。[*2]

❸　交流及び共同学習の現状と課題

　文部科学省は，特別支援学級および通級による指導の実態等を把握することを目的として，10 の都道府県および政令指定都市の公立小・中学校を対象とし

＊2　かつて障害のある子どもと障害のない子どもとが共に学ぶことを希求した統合教育（integration）は，場のみの統合に注目するあまり，一人ひとりの障害のある子どもの主体的な学びを用意しないままにあることをダンピング（dumping）と称して，批判の対象となった。

て調査を実施しました。このうち，特別支援学級の交流及び共同学習の授業として，総授業時数の半分以上を通常の学級で過ごしている児童生徒の割合は，小学校で54％，中学校で49％でした。各学年の割合では，小学校の第1学年と第2学年がおよそ20％でしたが，第3学年から第6学年の割合はおよそ70％前後に上昇しています。中学校では，いずれの学年でもおよそ50％前後でした。

　このことに関して文部科学省は，必要な指導体制が整えられないまま，障害のある児童生徒が交流及び共同学習として通常の学級で指導を受ける状況にあり，実質的には通常の学級に在籍して通級による指導を受ける状況と変わらないことから不適切であるとの判断を示しました。その上で，大半の時間を交流及び共同学習として通常の学級で学んでいる場合には，学びの場の変更を検討するべきとし，原則として週の授業時数の半分以上を目安として特別支援学級において一人ひとりの個別の教育的ニーズ等に応じた授業を行うことを通知したところです（文部科学省，2022a）。

　2022年8月，わが国は，国連の障害者の権利に関する委員会（Committee on the Rights of Persons with Disabilities）において，障害者の権利に関する条約の第1回政府報告を行いました。同年10月に同委員会は第1回政府報告に関する総括所見[*3]を示しました。本総括所見においては，2022年発出の本通知の「授業時数の半数以上を通常の学級で過ごしてはならないこと」に対して第24条関連の懸念として示されました。

② 特別支援学級担当教員の確保

　担当教員の確保については，次の2つの側面を指摘できます。

❶ 担当教員数の確保（量的側面）

　対象となる児童生徒の急増とそれにともなう学級の設置数の増加により，担当教員の確保が緊急の課題となっています。いわば，教員確保の量的側面に関

＊3　総括所見（concluding observations）：条約の締結国がこの条約に基づく義務を履行するためにとった措置およびこれらの措置によりもたらされた進歩に関する包括的な報告（条約第35条）に対して，対面審査等を行い，同委員会による提案および勧告を含めた最終見解として公表されるもののこと（条約第36条）。

わるものです。

❷　担当教員の専門性確保（質的側面）

　1学級当たりの在籍者数が増加していることを述べました。加えて，特別支援学級には，学校教育法施行令第22条の3に規定される障害の程度の児童生徒が一定数在籍していることに留意する必要があります。このような障害の程度の児童生徒が，小学校で 15,858 人，中学校で 4,914 人で，このうち複数の障害を有する重複障害が小学校で 1,024 人，中学校で 261 人含まれています（文部科学省，2020）。単一障害を前提とする学級であっても，その障害の程度は比較的重度で，かつ複数の障害をあわせ有する児童生徒が在籍する現状を見て取れます。特別支援学級担当教員としての専門性をいかに確保するかの課題を指摘できます。

　国および関係自治体は，免許法認定講習[*4]等を通じた特別支援学校教諭免許状の取得を推奨しています。現状では，特別支援学級担当教員の短期間での異動などにより，同免許状の保有率は，過去 10 年小学校，中学校いずれもおよそ30%前後で推移しています。地域における特別支援教育のセンター的機能を担う特別支援学校等のさらなる活用が求められています。

▌第2節　通級による指導の現状と課題

（1）　通級による指導とは

① 通級による指導の定義

　通級による指導とは，通常の学級に在籍する障害のある児童生徒が，各教科等の大部分の授業を通常の学級で受けながら，特別の指導を，特別の場である通級指導教室で受ける形態です。

　小学校等における学級の概念は，児童生徒の在籍を基本要件としており，特

＊4　免許法認定講習：すでに教員免許状を有する現職教員が，上位の免許状や他の種類の免許状を取得しようとする場合に，大学の教職課程によらずに必要な単位を修得できる講習。このほかに，公開講座，通信教育により単位を修得することも可能である。

別支援学級も学級とされます。通級指導教室は，通常の学級に在籍する児童生徒に対して特別の指導を行う場であり，在籍を要件としていません。したがって，通級指導教室は，従来の学級とは異なった概念として位置づけられます（文部科学省，2018）。

② 通級による指導の制度化

　通級による指導は，戦後，特殊教育制度における盲学校・聾学校・養護学校，特殊学級に次ぐ3つ目の形態として，1993年度に制度化されました。これまでは小学校，中学校等の義務教育段階での実施とされていましたが，2018年度からは，高等学校等においても通級による指導が導入されました。

(2)　通級による指導の対象と教育課程

① 通級による指導の対象

　通級による指導の対象は，学校教育法施行規則第140条に次のように規定されています。

　一　言語障害者，二　自閉症者，三　情緒障害者，四　弱視者，五　難聴者，六　学習障害者（以下，LD），七　注意欠陥多動性障害者（以下，ADHD），八　その他障害のある者で，この条の規定により特別の教育課程による教育を行うことが適当なもの。[*5]

　このことと関連して，2つのことについて補足します。

　第一は，その他障害がある者とは何をさすのかということです。「障害のある児童生徒等に対する早期からの一貫した支援について」（文部科学省，2013）によれば，肢体不自由者，病弱者および身体虚弱者をさします。したがって，通級による指導の対象は，上記の一から七のほかに，肢体不自由者，病弱・身体虚弱者となります。

　第二は，知的障害者がなぜ通級による指導の対象になっていないのかという

＊5　（　）内は筆者による補足。原文は対象ごとに改行されている。

ことです。知的障害者は，「生活に結びつく実際的・具体的な内容を継続して指導することが必要であることから，一定の時間のみを取り出して行うことにはなじまない」（文部科学省，2018）との判断から，通級による指導の対象となっていません。

②　通級による指導の教育課程の考え方と授業時数

❶　教育課程の考え方と編成

通級による指導では，文部科学大臣が別に定めるところにより，特別の教育課程によることができます（学校教育法施行規則第140条）。特別の教育課程を編成するにあたっては，「当該児童又は生徒の障害に応じた特別の指導（以下，障害に応じた特別の指導）を，小学校，中学校，義務教育学校，高等学校又は中等教育学校の教育課程に加え，又はその一部に替えることができる」とした上で，障害に応じた特別の指導については，「障害による学習上又は生活上の困難を改善し，又は克服することを目的とする指導」（文部科学省告示第146号）としています。[*6]このことから，通級による指導における障害に応じた特別の指導は，自立活動をさすといえます。通常の学級における障害のある児童生徒の教科学習の遅れを補充するための指導ではないのです。

2017年3月告示の小学校学習指導要領の第1章総則の第4「児童の発達の支援」，2(1)「障害のある児童などへの指導」では，特別の教育課程を編成する場合は，特別支援学校小学部・中学部学習指導要領の第7章に示す自立活動の内容を参考とし，具体的な目標や内容を定め，指導を行うものとするとともに，そのための通常の学級担任教師と通級指導教室担当教師間の連携や，保護者，専門家等の関係者との連携に基づく個別の指導計画の作成・活用を行うことを明示しました。通常の学級の各教科等の指導を含む学校教育活動全体を通した自立活動の指導を充実させる上で，通級指導教室での自立活動の時間における指導との密接な関連を図ることの重要性を確認するものです。

＊6　「学校教育法施行規則第140条の規定による特別の教育課程について定める件」（平成5年文部省告示第7号）（最終改正：平成19年12月25日）。

表 11-2　小学校等の義務教育段階における障害に応じた特別の
指導の授業時数

該当する児童生徒 学校教育法施行規則第 140 条の…	標準とされる 年間の単位時間数	設ける単位時間の目安
第一号から第五号まで, または 第八号に該当	35〜280	週当たり 1〜8単位時間
同条第六号と第七号に該当	10〜280	月 1 単位時間から週当 たり 8 単位時間まで

❷　授業時数

　上述の文部科学省告示第 146 号では，小学校等の義務教育段階における障害
に応じた特別の指導の授業時数を次のように規定しています。学校教育法施行
規則第 140 条第一号から第五号までと第八号に該当する児童生徒は，年間 35 単
位時間から 280 単位時間までを，同条第六号と第七号に該当する児童生徒は年
間 10 単位時間から 280 単位時間までをそれぞれ標準としています。授業は，年
間 35 週（小学部第 1 学年は 34 週）以上で行うとされていることから，前者では
週当たり 1 単位時間から 8 単位時間までを，後者では年間 10 単位時間から週 8
単位時間までを設けることとしたのです。特別支援教育制度への転換にあたり，
2006（平成 18）年度から通常の学級に在籍する LD，ADHD 等の発達障害のある
児童生徒が通級による指導の対象となることから，授業時数をどのように取り
扱うかが話題となりました。これまで授業時数に関しては，年間および週を基
準に示す考え方をとっていましたが，LD，ADHD については，月 1 単位時間
（年間 10 単位時間）の指導であっても指導の効果が期待できるとの判断から，こ
れまでの教育課程における授業時数に関わる考え方を柔軟に変更することにな
りました（表 11-2）。また，高等学校等の段階についても修得単位数として，年
間 7 単位を超えない範囲で全課程の修了を認めるに必要な単位数の内に加える
ことができるとしています。

③　実施形態

　通級による指導は，「自校通級」「他校通級」「巡回指導」の 3 つの形態により

実施されます。「自校通級」とは，児童生徒が在籍する学校に設けられた通級指導教室において指導を受けるものです。「他校通級」とは，他の学校に設けられた通級指導教室に通い指導を受けるものです。「巡回指導」は，通級による指導の担当教師（特別支援学校教員も含む）が対象となる児童生徒のいる学校に赴き，場合によっては複数の学校を巡回して指導を行うものです。

(3) 通級による指導の現状

インクルーシブ教育システムが構築される中で，通級による指導はどのような現状にあるのでしょうか。まずは，LD，ADHDの児童生徒が通級による指導の対象となった2006年度との比較から近年の動向を概観してみましょう。

① 通級による指導を受ける児童生徒

2021年3月末時点における通級による指導を受けている児童生徒数を，2006年度の当該データとあわせて表11-3に示しました。

この表からは，次の特徴を指摘できます。

表 11-3　通級による指導を受けている児童生徒数[注1]

区分	2006			2020[注2]		
	小学校	中学校	高等学校	小学校	中学校	高等学校
言語障害	29,527	186	—	42,913	714	3
自閉症	3,562	350	—	26,387	5,401	559
情緒障害	2,365	533	—	17,560	4,093	184
弱視	128	10	—	184	50	3
難聴	1,495	282	—	1,626	322	8
LD	1,195	156	—	23,633	6,796	183
ADHD	1,471	160	—	27,808	5,688	331
肢体不自由	5	1	—	108	45	6
病弱	16	6	—	36	33	23
総計	39,764	1,684	—	140,255	23,142	1,300

注1）小学校には義務教育学校前期課程，中学校には義務教育学校後期課程および中等教育学校前期課程を含む。
注2）通級による指導実施状況調査（文部科学省，2021年3月31日現在）。
出所：文部科学省（2022b）。

　第一は，義務教育段階において通級による指導を受ける児童生徒数が大きく増えていることです。2006年度比では，小学校で約3.5倍，中学校で約13.7倍になります。障害種に着目すると，LD，ADHDを筆頭に，自閉症，情緒障害の突出した増加が全体の数を押し上げていることがわかります。LD，ADHDの全体の数に対する割合は，小学校で36.7%（2006年度6.7%），中学校で53.9%（2006年度18.8%）です。通級による指導の制度化以後，小学校における通級による指導の対象のうち言語障害が突出して多く，2006年度を例にあげれば全体の数の74.3%に達していました。LD，ADHDを通級による指導の対象としてからは，その割合を低減させ，2021年では30.6%となりました。

　第二は，高等学校段階において通級による指導を受ける生徒のうち，自閉症は559人と最も多く，全体の数に対して43%になります。高等学校における通級による指導は，2018年に導入されたばかりであり，このデータをもって動向を語ることは難しいですが，今後，全体の動向に加えて，障害種，学校種の関連にも注意を向けておく必要があります。

② 指導時間別の対象者数

　ここでは文部科学省が2020年度に実施した通級による指導実施状況調査（文部科学省，2022b）に基づき，公立の小学校，中学校，高等学校での指導時間を取り上げます。

　最も多かった指導時間は，小学校，中学校および高等学校いずれも週1単位時間で，小学校で60.9%，中学校で60.1%，高等部で47.9%でした。次に週2単位時間が多く，小学校で31.3%，中学校で25.9%，高等学校で42.7%でした。このことはLD，ADHDについても同じ結果でした。なお，月1単位時間とした割合は，LDが小学校で0.8%，中学校で1.7%，高等学校で1.2%でした。ADHDは小学校1.2%，中学校3.8%，高等学校0.9%でした。その割合はいずれもわずかにとどまっています。

③ 実施形態別の対象者数

　上記の通級による指導実施状況調査（文部科学省，2022b）に基づき，通級によ

る指導を受ける児童生徒数を実施形態別で取り上げます。（　）内には2017（平成29）年度のデータをあわせて示しました。

　小学校では，自校通級が全体の63.8％（54.5％）で最も多く，他校通級が29.5％（40.2％），巡回指導が6.6％（5.4％）でした。中学校も同じ傾向にあり，自校通級66.4％（50.1％），他校通級20.8％（39.0％），巡回指導12.8％（11.0％）でした。2017年度比では，小学校，中学校とも自校通級の割合が増え，他校通級が割合を大きく減少していました。巡回指導はいずれも微増でした。なお，高等学校は，自校通級が87.5％と最も多く，巡回指導，他校通級はそれぞれ9.7％，2.8％でした。近年の通級による指導を受ける児童生徒の増加は，自校通級の形態の充実が要因の1つとして推察できます。

（4）　通級による指導の課題

　通級による指導を受ける児童生徒の増加によって，特別支援学級と同様に，通級指導教室担当教員の確保とその専門性の担保が課題として指摘できます。

①　担当教員の確保

❶　加配定数から基礎定数化へ

　通級指導教室は学級ではないことから，これまで担当教員は加配定数により充てられていました。通常の学級に在籍するLD，ADHDのある児童生徒については，その教育的ニーズに応じた個別指導を充実させるため，2006年度から通級による指導の対象とされました。近年では，通級による指導の対象として高い割合を占めていることはすでに述べたところです。

　国は，公立義務教育諸学校の学級編制および教職員定数の標準に関する法律の一部を改正（2017年4月1日施行）し，障害に応じた特別の指導（通級による指導）のための基礎定数を新設しました。これによって，児童生徒13人に1人の担当教員の配置が可能となりました。

❷　高等学校への通級による指導の導入

　小学校等の義務教育段階における通級による指導の対象者の増加は，後期中等教育段階への円滑な接続をいかに確保するかという社会的なニーズを醸成す

ることになりました。このことについて国は，学校段階での切れ目ない指導支援の体制を構築するため，2018 年度から高等学校にも通級による指導を導入しました。

② 専門性の確保

❶ 通級による指導を受ける障害種の偏り

通級による指導の対象では，言語障害をはじめ，LD，ADHD などが大きな割合を占めていました。とくに，通常の学級に在籍する LD，ADHD 等の児童生徒は多く^{*7}，また基礎定数化という施策的背景も加わり，今後もその数は増加が予測できます。

その一方で，現在，通級による指導の対象として相対的に人数の少ない少数障害の存在にも留意する必要があります。その数が，単に，障害の発生率の低さに起因するものではないと考えられるからです。高等学校における通級による指導では，本人，保護者が通級による指導を望まない例が少なくないという現状に着目すると，本人・保護者のみならず，担当教員の少数障害の教育的ニーズへの気づきや理解も関与することが想定され，それゆえにニーズが潜在化する可能性があるのです。特別支援教育の場の障害種による偏在化は，連続性のある「多様な学びの場」の機会の均等の観点からも何らかの対応が求められるといえます。

❷ 担当教員の自立活動に関わる専門性の確保

自立活動の領域は，特別支援教育における独自な領域であり，特別支援教育に携わる教員にはその基礎的な理解と，授業を具現するための力量が求められます。

特別支援学校教諭免許状の保有が義務づけられていない小学校等の教員に

＊7　文部科学省が 2022 年 1 月から 2 月に実施した「通常の学級に在籍する特別な教育的支援を必要とする児童生徒に関する調査」の結果によれば，小・中・高校の通常の学級に在籍する児童生徒のうち，「学習面又は行動面で著しい困難を示す」と学級担任が判断した者の割合は 8.8％とされた。これまでは 6.5％とされていたため，その割合は増える結果となっている。ただ，回答教員の判断基準は経験などの個人属性に基づくことも想定されるため，数値の絶対視には留意する必要がある。

とって，自立活動に関わる専門性をどのように確保するのかは喫緊の課題となります。まずは特別支援教育および自立活動に係る基礎的な理解に資する地域等における資源の把握とアクセスがポイントとなります。具体的な指導，支援については，特別支援学校のセンター的機能や国立特別支援教育総合研究所の関連コンテンツを活用することも可能です。当然，校内外の経験のある教員との連携も欠かせません。

(5)　通常の学級に在籍する障害のある児童生徒の現状とその指導・支援

　インクルーシブ教育システムの構築の議論において提起された連続性のある「多様な学びの場」である通常の学級，特別支援学級，通級による指導および特別支援学校のうち，通常の学級のみ，わが国の特別支援教育の形態として位置づけられていません。今後，わが国におけるインクルーシブ教育システムの推進を期す上で，章末に通常の学級に在籍する障害のある児童生徒の現状の一端を簡潔にまとめます。

①　児童生徒の在籍状況

　通常の学級に在籍する児童生徒のうち，通級による指導の対象となっている者の実態はすでに本章第2節でまとめた通りです。しかし，通級の指導の対象となっていない者の詳細な実態は把握されていないのが現状です。

　そのような中で，発達障害の可能性のある特別な教育的支援を必要とする児童生徒は，「知的障害はないものの学習面又は行動面で著しい困難を示す」者として小学校，中学校で8.8％と推計されました（文部科学省，2022b）。同調査が実施された2021年度における小学校，中学校の児童生徒数は，約945万3千人（学校基本調査令和3年度）でしたから，発達障害の可能性のある特別な教育的支援を必要とする児童生徒は約83万2千人になります。同年度の小学校，中学校において通級による指導の対象となっていた児童生徒は約16万3千人（表11-3参照）ですから，いまだ通級による指導の対象となっていない者が66万9千人に達することになります。なお，通常の学級に在籍する障害のある児童生徒

は発達障害者に限ったことではありません。例えば，肢体不自由は，通級による指導の対象となっている児童生徒は小学校，中学校でわずか153人ですが，特別支援学校に在籍する児童生徒のうち，知的障害のない軽度の肢体不自由者がきわめて少ない現状等を考慮すると，通常の学級にはこれをはるかに超える数が在籍していると推定されます。今後，通級による指導の対象となっていないこれら児童生徒に対して，特別な教育的支援をどのように実施するのかが大きな課題となります。

② 　今後の通常の学級に在籍する児童生徒への支援のあり方

　このことについては，2023 年 3 月の「通常の学級に在籍する障害のある児童生徒への支援の在り方に関する検討会議報告」（文部科学省，2023）において，特別支援教育に関する校内支援体制の充実として，校内委員会の機能強化，個別の教育支援計画・個別の指導計画の作成・活用，専門家等との連携を掲げています。今後，通常の学級に在籍する児童生徒の指導・支援を実施する上で，通級による指導の充実を図るとともに，これらは検討すべき事項として参考になるでしょう。

【文　献】

文部科学省（2007）．特別支援教育資料（平成 18 年度）4　（1）特殊学級数及び特殊学級在籍児童生徒数：国・公・私立計　https://www.mext.go.jp/a_menu/shotou/tokubetu/material/013/018.htm（2023 年 3 月 7 日閲覧）
文部科学省（2013）．障害のある児童生徒等に対する早期からの一貫した支援について（通知）（25 文科初第 756 号）
文部科学省（2017）．小学校学習指導要領
文部科学省（2018）．改訂第 3 版 障害に応じた通級による指導の手引き：解説と Q&A
文部科学省（2019）．交流及び共同学習ガイド https://www.mext.go.jp/a_menu/shotou/tokubetu/__icsFiles/afieldfile/2019/04/11/1413898_01.pdf（2023 年 3 月 7 日閲覧）
文部科学省（2020）．特別支援教育資料（令和元年度）
文部科学省（2022a）．特別支援学級及び通級による指導の適切な運用について（通知）（4 文科初第 375 号）https://www.mext.go.jp/content/20220428-mxt_tokubetu01-100002908_1.pdf（2023 年 3 月 7 日閲覧）
文部科学省（2022b）．通常の学級に在籍する特別な教育的支援を必要とする児童生徒に関する調査結果について　https://www.mext.go.jp/content/20230524-mext-tokubetu01-000026255_01.pdf（2023 年 7 月 27 日閲覧）
文部科学省（2023）．通常の学級に在籍する障害のある児童生徒への支援の在り方に関する検討会議報

告　https://www.mext.go.jp/b_menu/shingi/chousa/shotou/181/toushin/mext_00004.html（2023 年 4 月 15
日閲覧）

Reflection

第Ⅱ部　特別支援教育の理念・制度のリフレクション

WORK ディスカッションしよう！

　第Ⅱ部では，今日の特別支援教育の制度や現状について学習しました。日本の特別支援教育に関して，以下に示す3つのテーマから1つを選び，ディスカッションしましょう。

〈テーマ1〉

　　自立活動の指導にあたって，個別の指導計画の作成が求められますが，第9章で学んだとおり個別の指導計画の作成手順や様式は定められておらず，各学校で創意工夫する必要があります。各学校が説明責任を果たすためには，どのような手続きをとるとよいでしょうか。第8章で示される手続きの一例などを参考に，考えてみましょう。

〈テーマ2〉

　　今日，特別支援学級が増加していることを学びました。学級数や在籍者数の増加に伴い，特別支援学級を初めて担当する教師が多い状況にあることが知られています。初めて特別支援学級を担当するときには，どのようなことを知る必要があるでしょうか。話し合ってみましょう。

　　参考資料：国立特別支援教育総合研究所「すけっと ばすけっと」▶▶▶

〈テーマ3〉

　　これから通級による指導を開始する子どもの保護者に対して，通級による指導について説明する際にはどのようなことに留意するとよいでしょうか。次に示す動画などを参考にして，通級指導担当者の立場から考えてみましょう。

　　参考動画：文部科学省「初めて通級による指導を担当する教師のためのガイド
　　　　　　　保護者面談の様子」▶▶▶

 POINT

・ 個別の指導計画の作成手続きを考えるにあたって，「いつ」「誰が」「どのような情報を」「どのような手続きで」など，具体的にイメージしてみましょう。
・ 特別支援学級や通級による指導の教育課程編成について確認してみましょう。

 Work の取扱い方（例）

　　ディスカッションするテーマは，受講者全員が同じものに取り組む方法と，グループごとに選択する方法とが想定できます。4〜5名程度のグループを構成し，話し合うテーマに沿った章の内容を振り返ったり，参考資料や参考動画を確認したりします（約20分）。グループ内でWORK に示されている問いや関連する事項について協議します（約30分）。その後，話し合った内容を全体で共有します（約20分）。

教員を目指す学生の皆さんへのメッセージ

教員養成段階において「教育課程」を学ぶことの意義とは

大学教員
佐藤貴宣

　みなさんは，教育課程をどのように理解していますか？　なぜ教育課程を学ぶ必要があるのでしょうか。それは，私たち教師の日々の教育活動が，各学校の教育計画，すなわち教育課程に基づいて行われているからです。教育課程とは，「学校教育の目的や目標を達成するために，教育の内容を児童生徒の心身の発達に応じ，授業時数との関連において総合的に組織した学校の教育計画」です。第7章で概説したように，特別支援学校においては，在籍する子どもの多様な実態を踏まえ，一人一人に応じた教育課程を編成することが求められています。そのため，私たち教師は，なぜこの授業をするのか，なぜこの授業時数で，この指導形態なのかなどについて，教育課程に基づいた説明責任を果たす必要があります。「子どもが楽しそうで好きそうな活動だから」「社会に出たときに必要な活動だから」だけの教育ではいけないのです。とくに，特別支援教育を担う教師は，学習指導要領をもとに，"学校教育"として子どもたちが学ぶことの意義をきちんと説明できることが重要です。

　養成段階で教育課程を学ぶことは，特別支援学校と小・中学校等との教育課程の共通性と独自性，教育内容や指導の形態，授業時数の取り扱い，様々な実態にある集団に対する授業づくり等の基礎を理解することにつながり，教職に就いた後にその多くのことを実践に活かせると感じることができるはずです。特別支援学校の教師を対象とした調査（佐藤・藤井，2017）によると，「教育課程は難しい」「教育課程は関与することが難しい」などあまり身近ではない一面もあるようですが，何よりも「子どもたちが主体的に学ぶこととは何か」を具体的に考える契機となると考えることができるでしょう。今回の学習指導要領で求められているカリキュラム・マネジメントは，まさに教師一人一人の教育課程に関わる理解とこれに基づく日々の授業を基に行われるものです。未来の特別支援教育を担うみなさんには，教職課程での教育課程に係る確かな学びをとげ，これからのより良い学校教育を支えてほしいと思います。

【引用文献】
佐藤貴宣・藤井和子（2017）．特別支援学校における教師の教育課程に対する意識と影響要因　特殊教育学研究，54(5)，273-282.

column 3 教員を目指す学生の皆さんへのメッセージ
教員養成段階において「自立活動」を学ぶことの意義とは

小学校教員
植田佐知子

　障害のある子どもと教室で出会い，その主体的な学びを支える私たち教師は，何を軸にして指導を行うのでしょうか。私は，特別支援学校や小学校での教職経験から，一番に「自立活動」をあげたいと思います。特別支援学校小学部・中学部学習指導要領によれば，他の教科と異なり，自立活動の指導にあたっては，障害の状態が一人一人異なることを前提に，子どもの実態を把握し，指導すべき課題を明確にして，指導目標と指導内容を設定することが求められます。この一連の手続きは「個別の指導計画」として具体化します。このことから，個別の指導計画は「なぜこの指導なのかを説明するツール」といわれるのです。このような手続きのもと，一人一人の子どもの主体的な学びを具現化する自立活動こそが特別支援教育の本質ともいえます。小学校学習指導要領等の改訂で，小学校等における障害のある子どもの指導では，積極的に自立活動を取り入れることとされました。ご縁があって小学校で勤務する現在，子どもたちの障害による学習上や生活上の困難さを目にすることが多く，自立活動の指導の必要性を強く感じます。そのため，本人，保護者，特別支援教育コーディネーター，通常学級の担任および通級指導の担当等の関係者との連携に努めています。改めて，特別支援教育の質を保証するうえで，自立活動の指導が担う役割の大きさを感じる日々です。

　振り返れば，私自身，養成段階では今のような自立活動への理解に至らず，そこに重点的に取り組むことになるとは想定していませんでした。当時，自立活動に関しては，まだ教育職員免許法等の上で明確に位置づけられていなかったため，講義を通した理解にはおのずと限界があり，教職に就いた後で，同僚や自主研修で出会った先生方から実践知を学ぶ自立活動の専門性育成が始まったのです。特別支援学校教諭免許状コアカリキュラムが策定された現在では，個別の指導計画とあわせて，自立活動を独立した章として学べるようになりました。読者のみなさんには，将来，特別支援教育を担う教師として，養成段階での自立活動に関わる確かな学びの実現を期待しています。自立活動の指導に関する教師の専門性は一朝一夕に身につくものではありません。私たち教師は，養成段階での確かな学びをより確かな専門性の向上へとつなげるために，同僚として共に学べる現職研修のあり方についても検討していかなければならないと考えています。

インクルーシブ教育システム下における特別支援教育の推進

第Ⅲ部では，インクルーシブ教育システムの国際動向とわが国の特別支援教育におけるインクルーシブ教育システムの構築と展開について学びます。

インクルーシブ教育システムの理念は，今日では国際的に共有されるところとなっています。まずは，そもそもインクルーシブ教育システムとは何か，どのような歴史的な系譜から提起され，これを構築，展開するために何が必要なのかなどについて概説します。次に，わが国におけるインクルーシブ教育システム構築の経過と子どもの多様性に応じた教育の展開について概説します。

理念の共有は図られつつも，理念に迫り，具現する過程では，国や地域によって政策やその結果としての制度化に差異が生じることになります。なぜなら，インクルーシブ教育システムの実現において重要なファクターとなる財政や既存資源などに差異があるからです。読者のみなさんには，インクルーシブ教育システムに係る国際動向を踏まえ，それぞれの国や地域における独自な取組とは何か，わが国のインクルーシブ教育システムに係る取組において，国際的な通用性をどう見いだせるのかを考究し，整理してほしいと思います。

インクルーシブ教育の国際動向

第 **12** 章

今日，障害のある子どもの教育をめぐって，国際的にもインクルーシブ教育の推進が打ち出されています。本章では，インクルーシブ教育とはどのような理念なのかから始め，インクルーシブ教育が主張されるに至った経緯，そして具体的に改革を進める上で留意すべき事柄を，国連機関の動向を中心に扱いながら概観します。

第1節　インクルーシブ教育とは何か

(1) 教育における包摂と公正

今日，障害を含む多様性を包摂する教育，つまり，インクルーシブ教育の実現が世界的な課題となっています。2015年の国連サミットで採択された「持続可能な開発目標（sustainable development goals；以下，SDGs[*1]）」にインクルーシブ教育が掲げられていることは，その最たる例です。SDGsは途上国だけでなく先進国も対象に，誰一人取り残さない，よりよい世界をめざすものです。17の目標のうち開発目標4（SDG4）には「すべての人への包摂的かつ公正な質の高い教育（inclusive and equitable quality education）を提供し，生涯学習の機会を促進する」とあり，到達目標としての7つのターゲット（4.1～4.7）と3つの方策（4.a～4.c）が設定されました（United Nations, 2015a, pp. 19-20）。このように，インクルーシブ教育は公正（equity）と分かちがたい関係にあるとされています。なお公正とは，確認可能な結果である平等（equality）を目的とした行為およびプロセスのことです（UNESCO, 2020, p. 12）。

＊1　外務省「JAPAN SDGs Action Platform」（2023年7月20日閲覧）

＊1

　また，ターゲット4.5と方策4.aは，次のように障害者および障害に直接言及しています。

> 4.5　2030年までに，教育におけるジェンダー格差を無くし，障害者，先住民及び脆弱な立場にある子どもなど，脆弱層があらゆるレベルの教育や職業訓練に平等にアクセスできるようにする。

> 4.a　子ども，障害及びジェンダーに配慮した教育施設を構築・改良し，すべての人々に安全で非暴力的，包摂的，そして効果的な学習環境を提供できるようにする。

　これらからもあらゆる人を念頭に置きつつ，障害者はとくに配慮を要する集団の1つとされていることがわかります。

　このような考え方の端緒は，途上国の教育開発を念頭に置いた1990年代の「万人のための教育（Education for All：以下，EFA）」の取り組みまでさかのぼります。1990年，ユネスコ等の国際機関が共同開催した「万人のための教育世界会議」にて採択された「万人のための教育宣言」および「基礎的学習ニーズを満たすための行動計画」は，障害者を含む社会的に脆弱な立場に置かれた人々をとくに意識し，基礎教育（basic education）へのアクセスの普遍化と公正の促進を世界共通の目標としました。基礎教育は，就学前教育から学校教育，ノンフォーマル教育や識字教育等も含む広範な概念であり，その質や成果に焦点を当て，関係分野と連携しながら学習環境を整えていくことの重要性が述べられました（UNESCO, 1990）。その後，EFAは検証されながら2000年の「ミレニアム開発目標（Millennium Development Goals：以下，MDGs）」に引き継がれました。2015年を期限としたMDGsは途上国を念頭に置き，「普遍的初等教育の普及」（目標2）を男女の格差なく進めること（目標3）としました（United Nations, 2015b, pp. 24-30）。MDGsは成果がみられた一方で未達成のものもあり，その後継目標として策定されたのがSDGsです。SDG4は先進国も含め，初等教育にとどまらない生涯学習の促進を掲げるとともに，障害者をより明確に意識しています。

(2)　不断の改革プロセスとしてのインクルーシブ教育

　今日，障害者施策の国際的な羅針盤となっているのは，国連「障害者の権利に関する条約（以下，障害者権利条約）」（2006年）です。障害者権利条約は，「世界人権宣言」や「国際人権規約」といった普遍的な人権思想と，障害者の人権思想の双方の到達点を示すものです。また「あらゆる形態の人種差別の撤廃に関する国際条約」「女子に対するあらゆる形態の差別の撤廃に関する条約」「児童の権利に関する条約（以下，児童の権利条約）[*2]」など，固有の人権条約も踏まえています（井上，2006）。広範囲にわたる権利を網羅し，障害者差別を実質的に禁じ，障害者が排除されることなく包摂される社会の形成をめざす本条約では，インクルーシブ教育の推進が謳われました。

　教育条項については後述しますが，その考え方の詳細が示された「インクルーシブ教育の権利についての一般的意見第4号（以下，一般的意見第4号）」（2016年）は，教育における排除（exclusion），分離（segregation），統合（integration），包摂（inclusion）を以下のように整理しています（United Nations Committee on the Rights of Persons with Disabilities, 2016, p. 3）。

　　排除：障害のある児童生徒が直接的にも間接的にもあらゆる教育形態から拒
　　　　　絶されること。
　　分離：障害のない児童生徒とは分けられ，障害に対応した環境で教育が提供
　　　　　されること。
　　統合：障害のある児童生徒を主流の教育機関（mainstream educational
　　　　　institutions）が求める標準的な要件に適応できることを前提に，そこに
　　　　　在籍させるプロセス。
　　包摂：年齢に相応しい公正かつ参加型の学習経験とニーズや選好に最も適し
　　　　　た環境をすべての児童生徒に提供するというビジョンを持ち，教育の内
　　　　　容，教授方法，働きかけ，体制，戦略の変更および修正を具体化する組

＊2　外務省「児童の権利に関する条約」（2023年7月20日閲覧）

＊2

織改革プロセスを含む概念。

　包摂には結果としての側面もあり，プロセスと結果を明確に区分して定義づけることは簡単ではありませんが（UNESCO, 2020, p. 12），障害のある児童生徒を組織，カリキュラム，教授学習方法などの変更なしに主流の学級（mainstream class）に在籍させることは包摂ではありません。したがって，統合は排除から包摂への移行を自然と促すものでもありません（United Nations Committee on the Rights of Persons with Disabilities, 2016, p. 3）。教育における包摂，つまりインクルーシブ教育は，学習者の教育権保障に向けた不断の改革プロセスとしての側面が強調されており，SDG4 にみられたように，公正と分かちがたいとされる所以です。主流の教育機関や後述する主流の学校といった表記は通常学校をさし，主流となっている学級とは通常学級をさすものと理解して差し支えないと考えます。

　障害種別に基づき，通常学級とは異なる場で取り組まれてきた特殊教育（special education）には長い歴史があります。1970 年代に入ると国際的にも統合が推進され始め，特殊教育と通常教育の関係が整理される中で，インクルーシブ教育の登場が準備されました。インクルーシブ教育は，特殊教育を起源としているのです（UNESCO, 2005, p. 9）。

第 2 節　インクルーシブ教育への道のり

（1）　特殊教育の検討と統合の推進：イギリス「ウォーノック報告」から

　インクルーシブ教育への道のりにおいて，特殊教育の検証と統合の推進を促したイギリスの動向は注目に値します。1978 年，第二次大戦後のイングランド，スコットランド，ウェールズにおける障害児教育について検討した「障害児・者教育調査委員会（Committee of Enquiry into Education of Handicapped Children and Young People）」が，委員長名を取ったいわゆる「ウォーノック報告」を議会に提出しました。同報告は，伝統的な特殊教育の概念を拡大し統合を推進するため，新たな概念の採用，教育機関の役割，関係分野との連携，専門家の養成・研修，保護者との協力，カリキュラムのあり方などについて幅広い提言を

行いました。

　まず，特殊学校や特殊学級といった場に限定せず，出生から成人に至るまで，教育上の困難を打開するためのあらゆる形態での追加的な支援も包含する考え方が示されました（Department of Education and Science, 1978, pp. 4-7）。そして，教育上の困難の原因は障害だけでなく多岐にわたるとして，子どもの教育的進歩に関するすべての要因を関連させた「特別な教育的ニーズ」という概念を採用しました（Department of Education and Science, 1978, pp. 36-37）。具体的には，次のようなニーズを1つないしは複数あわせ持つものと説明されました（Department of Education and Science, 1978, pp. 41-42）。

- カリキュラムにアクセスするための特別な手段（特別な施設・設備，資源，物理的環境の変更，専門的な教授技術）の提供。
- 特別なカリキュラムもしくは変更されたカリキュラムの提供。
- 情緒の安定や対人関係の構築など，教育の場における社会的構造や情緒的風土にとくに注意を払うこと。

　多職種連携のもと従来の障害種別にとどまらない教育的ニーズを把握し，特殊学校の機能を外に拓き通常学校の仕組みを充実させ，必要な支援に結びつけることがめざされたのです。

　さらに，特別な教育的ニーズに応じて統合を次の3つに整理しました。1つは特殊学級やユニットを通常学校に設置する，特殊学校と通常学校が敷地を共有するといった位置的（locational）な統合です。次に，特殊学級やユニットで学ぶ子どもが通常学級で学ぶ子どもと食べたり遊んだりといった交わる活動を行う社会的（social）な統合です。そして，位置的にも社会的にも統合が達成された中で教育的プログラムに共に取り組む機能的（functional）な統合です（Department of Education and Science, 1978, pp. 100-102）。

　子どもの教育的ニーズに着目し，統合に向けて丁寧な環境整備を求めた「ウォーノック報告」は，特殊教育か通常教育かといった区分を問い直す議論を国際的にも喚起しました。

(2)　国連機関による教育の機会均等化に向けた取り組み 1：1970 年代〜 1980 年代

　国連機関は 1970 年代半ばから障害者の権利を改めて確認し，教育の機会均等化と統合を推進してきました。国連「障害者の権利に関する宣言」（1975 年）は，障害の予防とリハビリテーションを強調し，あらゆる障害者が例外なく権利を享受できること，自立に向けた手段を受け取る資格があること，特別なニーズが考慮される資格があることを宣言しました。教育については，能力や技能を最大限発達させ，社会への統合もしくは再統合を促進する方策として位置づけました（中野，1997，pp. 20-27）。この宣言の実施を促すための「国際障害者年（IYDP）」（1981 年）は，障害者が社会や生活のあらゆる側面に完全参加することを促進するために，「完全参加と平等」をテーマとしました。そして，1982 年には「障害者に関する世界行動計画」が採択され，1983 年から 1992 年までの「国連障害者の 10 年」において取り組まれました（中野，1997，pp. 28-91）。

　この間の取り組みにおける障害理解を支えたのが，1980 年に世界保健機関（WHO）が策定した国際障害分類（International Classification of Impairments, Disabilities and Handicaps：以下，ICIDH）です。ICIDH は，疾病の結果として機能・形態障害（impairment），能力障害（disability），社会的不利（handicap）の 3 つのレベルで障害を捉えました（p. 192 の図 12-1 参照）。障害を相対的に把握し，個々のニーズ（リハビリテーションや技術的な補助など）と障害者の参加を阻害する社会のあり方の双方に対応する必要を示した（United Nations, 1994, p. 7）ICIDH は，当時としては画期的な障害理解モデルでした。

　さらにこの時期には，児童の権利条約（1989 年）が採択されています。本条約は人権条約として初めて障害について具体的に言及したもので，第 2 条の差別禁止規定に障害（disability）を明記し，第 23 条は独立条項として障害児の権利とニーズを扱っています（United Nations Committee on the Rights of the Child, 2007, pp. 1-2）。とくに第 23 条の 3 には，できるだけ無償で「可能な限り社会への統合及び個人の発達（文化的及び精神的な発達を含む）を達成することに資する方法で当該児童が教育，訓練，保健サービス，リハビリテーション・サービス，雇用のための準備及びレクリエーションの機会を実質的に利用し及び享受する

ことができるように行われるものとする」とあります。[*3]

(3) 国連機関による教育の機会均等化に向けた取り組み2：1990年代以降

　以上のような国際障害者年以降の経験を結実させた国連「障害者の機会均等化に関する基準規則（以下，基準規則）」（1993年）は，法的拘束力はありませんが，国際的な慣習規則になることが期待された文書です。ここでは「各個人全員のニーズは等しく重要」であり，教育，健康，雇用をはじめとする社会的サービスを，通常の仕組み（ordinary structures）の中で受けられるようにすべきことが述べられました。また障害者の中でも，女性，子ども，高齢者，貧困者，移住労働者，重複障害者，先住民，少数民族，難民といった集団にとくに関心を向ける必要があるとされました。教育については「統合された場（integrated settings）」の教育を原則とし，主要な学校での教育は，障害者個々のニーズを満たすための適切な支援サービスを前提とすることが述べられました。また主流の場での障害者への教育的対応に向けて，学校やより広い地域社会で理解され受け入れられる明確な方針を持つこと，カリキュラムの柔軟性・追加・変更を許容すること，質の高い教材・継続的な教員研修・補助教員を供給することを加盟各国に求めました。一般的な学校制度（general school system）がすべての障害児のニーズを満たさない場合，特殊教育が検討される可能性があることも言及されましたが，それはあくまでも，一般的な学校制度内で教育を受けるための準備を目的としたものでした。そのため，特殊教育は一般的な教育（general education）と同じ基準やねらいを反映し，密接に関連づけられるべきであり，加盟各国は特殊教育の取り組みを主流の教育（mainstream education）に段階的に統合させることをめざす義務があるとされました。聾者や盲聾者については，コミュニケーションのニーズや文化的配慮から，そのための学校や特殊学級等が適切とされる可能性が記されています（United Nations, 1994, pp. 1-16）。

＊3　外務省「障害者の権利に関する条約」（2023年7月20日閲覧）

＊3

このような基準規則は，その後の関連文書に多大な影響を与えました。

(4)　国連機関による特別な教育的ニーズへの注目と再考

①　サラマンカ声明と「特別な教育的ニーズ」の行動枠組み

　インクルーシブ教育という言葉を広めたのは，ユネスコとスペイン政府共催の「特別なニーズ教育に関する世界会議：アクセスと質」にて採択された「特別なニーズ教育における原則，政策，実践に関するサラマンカ声明（以下，サラマンカ声明）」（1994 年）であることはよく知られています。サラマンカ声明は先のEFAの取り組みの中にあり，「やむを得ない理由がない限り，すべての子どもを通常学校（regular school）に入学させるインクルーシブ教育の原理」の適用を求めた文書です。すべての子どもの特性，興味，能力，学習上のニーズは個性的であることを認め，教育組織や教育計画はそれら幅広い多様性を考慮したものであるべきことが述べられています（UNESCO, 1994a, pp. 8-10）。サラマンカ声明と一緒に採択された「特別なニーズ教育に関する行動のための枠組み」（1994 年）では，障害児だけでなく，ギフテッド[*4]，ストリート・チルドレンや労働している子どもたち，人里離れた地域の子どもたちや遊牧民の子どもたち，言語的・民族的・文化的マイノリティの子どもたち，その他何らかの不利益を被る子どもたちも念頭に置かれています。そして大多数の子どもが在籍する学校を，障害もしくは何らかの学習困難（learning difficulties）のある子どもや若者の「特別な教育的ニーズ」に応えるインクルーシブ学校（inclusive school）とすることがめざされました。インクルーシブ学校は子ども中心の教育学（child-centered pedagogy）を根本に持ち，質の高い教育の保障とともに，誰をも歓迎する共同体やインクルーシブな社会形成への貢献が期待されました。

　障害児に関しては先の基準規則を踏まえ，可能な限り障害のない子どもと共に学習すべきとする基本原則に立っています。とはいえ各国で整備状況は大きく異なることから，特殊学校がインクルーシブ学校の発展にとって価値ある資

＊4　ギフテッド：松村（2021）によると，ギフテッドとは，平均より優れた能力等の才能が識別された子どものこと。近年では，発達障害がありギフテッドである 2E（twice-exceptional）の子どもへの必要な取り組みが議論されている。

源になりうること，特殊教育機関は障害の早期発見や通常学校の教員研修においても貢献しうること，そして少数の障害児にとっては特殊学校やインクルーシブ学校内の特殊学級が必要とされる可能性があることも明記されました。あわせて，特殊学校に在籍しているとしても完全に分離される必要はないとして，通常学校に一時的に在籍する取り組み（mainstreaming）が強く求められました。また，聾者や盲聾者については，特有のコミュニケーションニーズの観点から，特殊学校や特殊学級等が適切と判断される可能性が示されました（UNESCO, 1994b, pp. 5-18）。

② 「特別なニーズ」の再概念化

　特別なニーズという考え方はEFAの初期の取り組みを支えましたが，学習者の違いを固定的な課題としてではなく学習環境を豊かにする機会とみるインクルーシブ教育の方針が浸透していく中で，再概念化が図られていきました（UNESCO, 2005, pp. 9-10）。EFAの到達状況やMDGsを受けて出されたユネスコによる「インクルージョンのための指針」（2005年）では，学習者のニーズは連続するもの（spectrum）と理解されています。そして，対象年齢層のすべての子どもに向けた共通ビジョンと，すべての子どもの教育は通常制度の責任であるという確信を持って，内容，働きかけ，構造，戦略を変更および修正することが求められています。また，必要な者に対しては特別な支援や施設の選択肢を確保し，その選択を認めることとされました（UNESCO, 2005, pp. 11-16）。

　SDG4の進捗状況を評価したユネスコのレポート（Global Education Monitoring Report；以下，GEMレポート）（2020年）では，より踏み込んだ言及がなされています。学習者の多様性は障害にとどまらず，貧困，性的マイノリティ，移民，難民，へき地在住，民族・言語・人種的マイノリティ，先住民，女性などいくつもある上，学習者は多様性を交差したアイデンティティを持っており，それらのうち学習能力を決定づけるものは1つもないと述べられています。さらに，排除される危険性のあるすべての学習者は，同様のメカニズムで差別され，ステレオタイプ化およびスティグマ化されるとして，特別なニーズや困難といった概念は，参加と学びの障壁という概念に置き換えられるべきであるとしていま

す（UNESCO, 2020, pp. 11-12）。

　このように，国連機関は 1990 年代以降，統合からインクルーシブ教育へと明確に舵を切り，議論を進展させてきました。特殊教育を起源としながらEFAの流れも受けて，今日に至っては障害にとどまらない多様性を対象とし，さらにそれらが交差しているという認識に立ち，ニーズを特定の集団のそれとして特別視することは避けられています。一方，例えば障害者権利条約第 4 条のユニバーサル・デザインに関する条文では，「障害者に特有のニーズを満たす」ために必要な調整について言及されています[*5]。障害者としてのニーズをどう理解し向き合うのかが，改めて問われているともいえるでしょう。

▌第 3 節　インクルーシブ教育の推進

(1)　障害者権利条約の教育条項[*6]

　2001 年，国連総会にて障害者権利条約案検討のための特別委員会設置が決定され，2006 年，障害者権利条約が採択されました。障害者権利条約は「障害に基づく差別」の禁止に向けて，実体法の改善に対する効力を有します。

　ここでの「障害に基づく差別」とは，「障害に基づくあらゆる区別，排除又は制限」であり，「合理的配慮」の否定を含むあらゆる形態の差別をさします（第2条）。合理的配慮を条約として導入したのは，この条約が初めてです（玉村，2006）。合理的配慮は，障害者が他の者と平等であることを基礎とする「必要かつ適当な変更及び調整であって，特定の場合において必要とされるものであり，かつ，均衡を失した又は過度の負担を課さないもの」（第2条）をいいます。つまり，特定分野における通常の環境下で機能する，個別性の高い概念です。加えて，第 5 条「平等及び無差別」には「障害者の事実上の平等を促進し，又は達成するために必要な特別の措置は，この条約に規定する差別と解してはならない」とあります。インクルーシブ教育は改革のプロセスであることを踏まえ

＊5　前掲の＊3を参照。
＊6　本節の障害者権利条約の訳は前掲＊3より引用。「包容」は「包摂」に変更している。

れば，合理的配慮と特別な措置の双方が重要です。

第24条は，障害者の教育権を差別なく実現するため，締約国に「障害者を包摂するあらゆる段階の教育制度及び生涯学習」を求めています。その目的は，以下となります。

(a) 人間の潜在能力並びに尊厳及び自己の価値についての意識を十分に発達させ，並びに人権，基本的自由及び人間の多様性の尊重を強化すること。
(b) 障害者が，その人格，才能及び創造力並びに精神的及び身体的な能力をその可能な最大限度まで発達させること。
(c) 障害者が自由な社会に効果的に参加することを可能とすること。

そして，この目的のために締約国は以下を確保せねばなりません（第24条を一部抜粋して要約）。

- 障害者が障害に基づいて一般的な教育制度（general education system）から排除されないこと。
- 「他の者との平等を基礎として，自己の生活する地域社会において，障害者を包摂し，質が高く，かつ，無償の初等教育」や中等教育を提供すること。
- 「個人に必要とされる合理的配慮」や必要な支援が「一般的な教育制度」のもとで受けられるようにすること。
- 「学問的及び社会的な発達を最大にする環境において，完全な包摂という目標に合致する効果的で個別化された支援措置がとられること」。

さらに，盲，聾，盲聾者の教育については，「その個人にとって最も適当な言語並びに意思疎通の形態及び手段で，かつ，学問的及び社会的な発達を最大にする環境」の確保が求められています。

インクルーシブ教育は学習者の権利ですが，合理的配慮，ユネスコ「インクルージョンの指針」（2005）のいう選択肢にも関わる個別化された支援措置，盲，聾，盲聾者の教育など，その姿は単純ではないことがわかります。

(2)　インクルーシブ教育の阻害要因

①　7つの阻害要因

　インクルーシブ教育の解釈や姿は様々だからこそ，先の一般的意見第 4 号は重要です。一般的意見第 4 号は，これまでの障害者関連の取り組みやSDG4 があるにもかかわらず，未だ分離された形態で教育を受ける障害児が多くいることを受け，障害者権利条約におけるインクルーシブ教育の権利についての考え方や，権利に対する締約国の義務を明らかにした文書です。ここでは先の排除，分離，統合，包摂の違いを前提に，インクルーシブ教育を阻む要因として下記の 7 点があげられています（United Nations Committee on the Rights of Persons with Disabilities, 2016, pp. 1-2）。

- 障害理解の失敗
- 障害者差別の存続（長期にわたる分離された生活形態，通常の場での期待の低さなど）
- インクルーシブで質の高い教育と多様性についての知識の不足
- データや研究の欠如
- 政治的意思・技術的知識・能力の不足
- 不適切かつ不十分な予算の仕組み
- 侵害を訴える法的救済措置や救済を求める仕組みの不足

　とくに 1 つ目の「障害理解」は，インクルーシブ教育を実現させるための第一歩です。障害者権利条約の前文には「障害が発展する概念であることを認め，また，障害が，機能障害を有する者とこれらの者に対する態度及び環境による障壁との間の相互作用であって，これらの者が他の者との平等を基礎として社会に完全かつ効果的に参加することを妨げるものによって生ずることを認め」るとあります。[*7]

＊ノ　前掲の＊ 3 を参照。

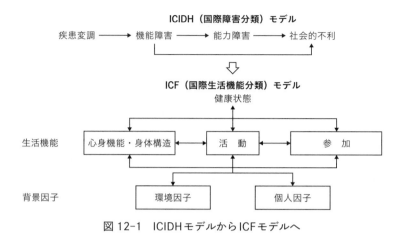

図 12-1　ICIDH モデルから ICF モデルへ

出所：上田（2005）．p. 9, 15. に一部加筆。

② 障害理解のための国際生活機能分類

　上記のような障害理解は，WHOの国際生活機能分類（International classification of Functioning, Disability and Health：以下，ICF）（2001 年）に基づくものといえます。ICF は，前身の ICIDH と大きく異なり，「『人が生きることの全体像』についての『共通言語』」（上田，2005，pp. 30-31）として，健康状態，生活機能（心身機能・身体構造，活動，参加），背景因子（環境因子，個人因子）が相互に作用し合っていることを示した，すべての人を対象とするモデルです（上田，2005，pp. 15-31; 障害者福祉研究会，2002，pp. 5-18）（図 12-1）。

　生活機能のうち，「心身機能」は生理的機能と心理的機能，「身体構造」は体の部分をさします。「活動」は生活行為を意味し，行為の実行状況（performance）と行為を実行する能力（capacity）の 2 つの側面から把握されます。「参加」は，家庭や社会での役割履行を意味します。背景因子のうち，「環境因子」は物理的環境だけでなく人的環境，態度・社会意識，制度も含み，生活機能にプラスの影響を与える「促進因子」とマイナスの影響を与える「阻害因子」に区分されます。「個人因子」は年齢，性別，民族，生活歴，価値観などを意味します。

　健康状態，生活機能，背景因子はそれぞれ相対的に独立していますが，相互に作用し合っています。そして，心身機能・身体構造における問題を機能・構

造障害，活動に問題が生じている場合を活動制限，参加に問題がある場合を参加制約といいます。ICFは，健康状態や心身機能・身体構造にとくに重きを置いて障害を治療するものとして把握する医学モデルと，参加や環境因子にとくに重きを置いて社会が生じさせるものとして障害を把握する社会モデルを統合させたものです（上田，2005，pp. 28-30; 障害者福祉研究会，2002，p. 18）。このような考え方に基づき，障害者の潜在能力を開花させる上での障壁の除去を人権保障として求める障害者権利条約の障害理解は，人権モデル（human rights model）と言われます（United Nations Committee on the Rights of Persons with Disabilities, 2016, p. 2）。

第4節　インクルーシブな教育制度の構築

(1)　インクルーシブな教育制度とは

　インクルーシブ教育の阻害要因は複数あげられていますが，障害の人権モデルを踏まえながら，学習者の交差するアイデンティティを受け止め，個々の強みや才能を生かすことができるようなインクルーシブな教育制度を具体的に構築するためには，どのような観点が必要なのでしょうか。

　一般的意見第4号によると，教育制度は「利用可能性」「利用しやすさ」「受容性」「適合性」の4つの相互に関連する特徴をもって構築されねばなりません（United Nations Committee on the Rights of Persons with Disabilities, 2016, pp. 6-10）。

　まず，「利用可能性（availability）」です。あらゆる段階の教育施設およびプログラムは，障害者にとって量と質の双方において十分な状態で利用できるものでなければならないことが説明されています。

　次に「利用しやすさ（accessibility）」です。建築物，情報コミュニケーションツール，カリキュラム，教材，教授方法，評価，言語／支援サービスを含め教育制度全体を利用しやすいものにすることです。ユニバーサル・デザインの導入とともに，合理的配慮が必要な場合にはその提供に取り組まねばなりません。

　続いて「受容性（acceptability）」です。教育関連の施設や物品，サービスのす

べてが，障害者の要望，文化，見解，言語を十分に考慮した形で設計・実現されねばなりません。

そして「適合性（adaptability）」です。学習に対してユニバーサルなアプローチをとることが推奨されています。具体的には，すべての学習者の多様なニーズに合致する環境を創造し柔軟な学習方法を発展させること，魅力的な教室環境をつくること，すべての児童生徒に対して高い期待を維持し，期待に応えるための多様な方法を認めること。教員が自身の教授法について違った形で考えられるよう励ますことや，すべての児童生徒の教育成果を重視することがあげられています。また，カリキュラムはすべての児童生徒のニーズに応え調整される必要があることや，標準化された評価は柔軟で多様な形式のものに置き換えられなければならないことも述べられています。

以上の観点から教育制度を検討する際，2つ目の「利用しやすさ」と合理的配慮の違いを認識することが必要とされています。前者は集団に利益を与えるもので一定の基準に基づきますが，後者は先に述べた通り個人に対する概念であり，利用しやすさを補完するものです。「利用しやすさ」が整っていても，合理的配慮を要求することは可能です。そして児童生徒が必要とする合理的配慮や何らかの支援を明確にするために，個別の教育計画の作成が強調されています。個別の教育計画は，児童生徒が直接関与する形で定期的に検証されねばなりません（United Nations Committee on the Rights of Persons with Disabilities, 2016, p. 9）。

(2)　持続可能な改革

インクルーシブ教育は広範囲にわたる改革を要するため，既存のリソースを生かしながら，具体的な改革をどう進めるかについて各所で言及されてきました。いくつか例をあげます。

①　児童の権利に関する条約一般的意見第9号

まずは「児童の権利に関する条約一般的意見第9号：障害のある児童の権利」（2006年）があげられます。これは児童の権利条約締約国が，障害児の権利保障

に取り組むための指針および援助を提供する目的で出されたものです。ここではインクルーシブ教育を目標としつつも，子どもの固有のニーズによって教育のあり方は判断されねばならず，近い将来インクルーシブ教育が十分に実施できない場合は，サービスおよびプログラムの連続的な選択肢が維持されるべきとされました（United Nations Committee on the Rights of the Child, 2007, pp. 18-19）。

② 教育におけるインクルージョンと公正を確保するための指針

　また，SDG4を受けて出されたユネスコによる「教育におけるインクルージョンと公正を確保するための指針」（2017年）では，保護者は多くの場合，子どものニーズを満たすか他の学習者と同じ権利と機会を確保するかの選択を迫られるとして，そのような選択が不要になる教育制度の構築がめざされています。特殊学校等には通常学校をよりインクルーシブにするための資源としての役割が改めて期待されており，特殊学校と通常学校の連携が改革の要とされました（UNESCO, 2017, p. 31）。

③ GEMレポート

　先述のGEMレポート（2020年）では，他者との交流を最大にするという目標と，個々の学習の可能性を充実させるという目標には，潜在的な緊張関係があることが指摘されています。そして，障害児が在籍する主流の学校において，インクルージョンを達成するための基準，支援，説明責任が不十分な場合は，排除をかえって助長させかねないと警鐘を鳴らしています。障害者権利条約に反する政府の排他的な慣行は明らかにされるべきだが，その集団のアイデンティティ，慣習，言語，信念が脅かされたり，帰属意識が損なわれたりするようなことがあってはならず，急激な変化は持続可能ではないというのです。インクルーシブ教育に向けた改革は法律レベルで終わらず，広く一般の意識や態度にも関わるため，長期にわたり忍耐を要することが認識されています。だからこそインクルーシブ教育に向けた改革は対話，参加，開放性（openness）に基づかねばならず，インクルーシブ教育の価値はそのままに，ニーズや選択肢を無視してはならないとしています（UNESCO, 2020, pp. 13-14）。

④　障害のある児童の権利に関する共同声明

　2022 年には，後述する「障害者の権利に関する委員会」と「児童の権利委員会」から障害のある児童の権利に関する共同声明が出されました（United Nations Committee on the Rights of the Child and Committee on the Rights of Persons with Disabilities, 2022）。前者は障害者権利条約の締約国における実施状況，後者は児童の権利条約の締約国における実施状況を監視する組織です。この共同声明では，インクルーシブ教育の実現に向けて教育制度を子ども個々の多様な教育要件，能力，潜在的な可能性，選好に適応させることが求められました。そして質の高いインクルーシブ教育は，主流の教育と分離された特殊教育といった 2 つの制度の維持とは相容れないという見解が示されました。特殊学校と通常学校の連携の先を見据えて，制度改革のスピードを上げようとする意図が読み取れます。

　対話，参加，開放性に基づく持続可能な改革を進める上では，「児童の権利に関する条約一般的意見第 9 号：障害のある児童の権利」にも強調されているように，障害児があらゆる手段で意見（view）を聴かれること，そして，発達する能力に応じてその意見が尊重されることが不可欠です。ここでは，児童の権利条約第 12 条の意見表明権を障害児にも確保することが社会に最大限に包摂されるための貴重な手段として位置づけられています。そして締約国に，あらゆるコミュニケーション手段の確保や，子どもの意見表明に関わる能力の促進や尊重に向けて，家族や専門家に対する訓練への支援を要請しています（United Nations Committee on the Rights of the Child, 2007, pp. 9-10）。障害者権利条約第 7 条「障害のある児童」においても意見表明権に加え，それを実現するための障害や年齢に適した支援を提供される権利が明記されています。

(3)　国内外の監視の必要性

　障害者権利条約の締約国は，条約が効力を生じた後 2 年以内に，条約に基づく措置や進歩を国連に報告せねばなりません（障害者権利条約第 35 条）。それを踏まえて，「障害者の権利に関する委員会（以下，障害者権利委員会）」は各国に

勧告を行います（同条約第 36 条）。日本は 2014 年に本条約を批准し，2016 年に第 1 回政府報告を行いました。そして 2022 年，障害者権利委員会から日本の第 1 回政府報告に関する総括所見が出されました。ここでは，日本では父権主義的なアプローチが採用され続けており障害の人権モデルと調和しないこと，障害の医学モデルが永続していること，障害とその他の複合的かつ交差的な差別についての認識や合理的配慮の拒否は差別であるといった認識が欠如していることなどが指摘されています。教育については「分離した特殊教育（segregated special education）」の永続，合理的配慮の不足，通常教育教員のインクルーシブ教育の技術の欠如やインクルーシブ教育への否定的態度，通常学校における代替的および補強的なコミュニケーション様式や手段の欠如，入試を含め高等教育に関する国による包括的政策の欠如が課題とされました。そして，質の高いインクルーシブ教育に関する国家行動計画の採択と，上記の課題解決が求められました（United Nations Committee on the Rights of Persons with Disabilities, 2022）。教育の場を問わず一人ひとりのニーズに応じた支援を行うことを理念とする特別支援教育は，旧態依然の「分離した特殊教育」とみなされていることがわかります。障害の人権モデルに立ち，障害のある児童の意見を聴き，教育の質にこだわり，持続可能な改革をどう進めるかが鋭く問われています。

　自国の現状と課題を理解し改革方針を明確にする上で，本章でみたような国際的な議論の蓄積を学ぶことは極めて重要です。勧告から自国の状況が国際的にどうみられているのかを知ることや，勧告をめぐる政府や関係 NGO の反応を把握することも必須です。

【文　献】

Department of Education and Science（1978）. *Special educational needs: Report of the committee of enquiry into the education of handicapped children and young people.*
井上英夫（2006）．人権保障の発展と「障害のある人」の権利条約　障害者問題研究, *34*（1）, 2-10.
松村暢隆（2021）．才能教育・2E 教育論：ギフテッドの発達多様性を活かす　東信堂
中野善達（編）（1997）．国際連合と障害者問題：重要関連決議文書集　エンパワメント研究所
障害者福祉研究会（編）（2002）．国際生活機能分類（ICF）：国際障害分類 改定版　中央法規
玉村公二彦（2006）．国連・障害者権利条約における「合理的配慮」規定の推移とその性格　障害者問

題研究，*34*（1），11-21.

上田　敏（2005）．ICF（国際生活機能分類）の理解と活用：人が「生きること」「生きることの困難（障害）」をどうとらえるか KS ブックレット 5 第 2 版入門編　きょうされん　萌文社

UNESCO（1990）．*World declaration on Education for All and framework for action to meet basic learning needs.*

UNESCO（1994a）．*The Salamanca Statement on principles, policy and practice in Special Needs Education.*

UNESCO（1994b）．*Flamework for action on Special Needs Education.*

UNESCO（2005）．*Guidelines for inclusion: Ensuring access to Education for All.* Paris, UNESCO.

UNESCO（2017）．*A guide for ensuring inclusion and equity in education.* Paris, UNESCO.

UNESCO（2020）．*Global education monitoring report summary 2020: Inclusion and education: All means all.* Paris, UNESCO.

United Nations（1994）．*Standards rules on the equalization of opportunities for persons with disabilities.*

United Nations（2015a）．*Transforming our world: The 2030 agenda for sustainable development.* 訳は以下の外務省仮訳による。https://www.mofa.go.jp/mofaj/files/000101402.pdf（2023 年 3 月 28 日閲覧）

United Nations（2015b）．*The Millennium Development Goals Report.*

United Nations Committee on the Rights of the Child（2007）．*General comment No. 9 (2006): The rights of children with disabilities.*

United Nations Committee on the Rights of the Child and Committee on the Rights of Persons with Disabilities（2022）．*Joint statement: The rights of children with disabilities.*

United Nations Committee on the Rights of Persons with Disabilities（2016）．*General comment No. 4 (2016) on the right to inclusive education.*

United Nations Committee on the Rights of Persons with Disabilities（2022）．*Concluding observations on the initial report of Japan.*

わが国におけるインクルーシブ教育システムの構築と展開

　日本は障害者の権利に関する条約に関するヒアリングを 2022 年 8 月に受け，同年に国連の委員会より総括所見（各種報道では「勧告」の訳語が多くみられました）を受けました（United Nations, 2022）。その所見で注目されたことの 1 つとして，日本では，インクルーシブ教育が徹底されておらず，とりわけ，障害や疾患のある子どものみを対象とする特別支援学校，特別支援学級が制度上確立していると指摘されたことがあげられます。インクルーシブ教育は，国際的に共有されつつある理念と考えることができますが，日本におけるインクルーシブ教育の展開をどのように考えることができるのでしょうか。

第 1 節　わが国における特別支援教育

(1)　特別支援教育の理念と枠組み

　わが国において，特別支援教育が法的，制度的に位置づけられたのは 2007 年とされています。学校教育法の改正により，特別支援教育が制度化されたことと連動して，「特別支援教育の推進について（通知）[*1]」が発出されました（文部科学省，2007）。その中で，特別支援教育の理念が以下のように説明されています。

> 　（前略）特別支援教育は，これまでの特殊教育の対象の障害だけでなく，知的な遅れのない発達障害も含めて，特別な支援を必要とする幼児児童生徒が在籍する全ての学校において実施されるものである。
> 　さらに，特別支援教育は，障害のある幼児児童生徒への教育にとどまらず，障害の有無やその他の個々の違いを認識しつつ様々な人々が生き生きと活躍できる共生社会の形成の基礎となるものであり，我が国の現在及び将来の社会にとって重要な意味を持っている。

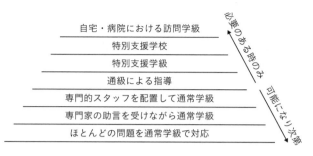

図13-1　多様な学びの場の連続性

出所：文部科学省「日本の義務教育段階の多様な学びの場の連続性」
https://www.mext.go.jp/component/b_menu/shingi/giji/__icsFiles/
afieldfile/2012/06/26/1321665_1.pdf（2023年1月20日閲覧）。

　このように，今日の日本において特別な支援が必要，有用とされる子どもを広く包摂し，それまでの特殊教育よりもさらに幅広く，様々な子どもを含めて，その対象を想定しているといえます。特殊教育は，養護学校や特殊学級など，教育実践の場が分離された環境を想定して説明されてきましたが，特別支援教育への制度的転換は，そのような教育・学習の場に応じた特別支援学校や特別支援学級で学ぶ子どもだけでなく，いわゆる通常の学級で学ぶ子どもも対象として，すべての学校で実施されるもの，と明記されています。つまり，支援の必要な子どもが学ぶすべての場で実践されるのが特別支援教育ということになります。

　そのような子どもたちが学ぶ場を多様に準備するシステムとして，日本では「多様な学びの場の連続性」という語が用いられています。それを図示したものが図13-1です。小中学校等における通常の学級，通級による指導，特別支援学級や，特別支援学校といった場が用意され，個々の子どもに適切な学習の場が選択されていくことが重要といえます。

　また，図13-1の右部には，特別支援学校や特別支援学級，通級による指導は，「必要のある時のみ」と記載され，通常学級での学習は「可能になり次第」実施

＊1　文部科学省「特別支援教育の推進について（通知）」

＊1

されるものとされています。つまり，子どもの学習の場としては，通常学級で学ぶことを基本に考え，とくに必要な場合に特別支援学校等で学ぶということになります。

　可能な限り通常の学級で学ぶという考え方を明示したのがこのモデルの特徴です。ただし，このモデル自体は特別支援教育，あるいはインクルーシブ教育が議論されるようになって初めてつくられたものではありません。例えばアメリカのレイノルズ（Reynolds, M. C.）は，特殊教育（special education）のプログラムとして同様のモデルを提示しています（Reynolds, 1962）。そのモデルの中では，障害のある子どもが「通常の学級に加えてリソース・ルームで学ぶ」ことや，特別な学級（special classes），特別な学校（special day schoolsやhospital schoolsなど）へは，「必要のある時のみ移動する（move only as far as necessary）」ものとされ，通常の学級に「可能になり次第戻る（return as soon as possible）」とされています（学籍異動を伴う場合もあります）。同時期のアメリカの状況が，このモデルをそのまま具体化していたわけではありませんが，すべての子どもができるだけ通常の学級で学ぶことを意識した早期のモデルとして注目できます。

(2)　わが国の就学支援制度

　前項でみた，多様な学びの場について，支援が必要とされる子どもがどこで学ぶことが適切かを検討する仕組みとして就学支援制度があります。

　障害のある子どもの就学先決定の手続きの流れを図示したものが図 13-2 です。ここでは小学校に入学する前年度からの手続きが示されています。学校教育法施行令では，学齢簿の作成などの市町村教育委員会の役割やその期限が定められており，それらの規定に基づき就学先が検討されます。特別支援学校で学ぶ子どもの障害等の程度の目安は学校教育法施行令第 22 条の 3 に示されており，特別支援学級で学ぶ子ども，通級による指導を利用する子どもの障害の程度の目安は，「障害のある児童生徒等に対する早期からの一貫した支援について（通知）」（文部科学省，2013a）に示されています。それらを参照しながら，その子どもの状態や支援ニーズを把握，整理することが求められています。

　加えて，それらのプロセスで重視されているのが，本人・保護者の意向を最

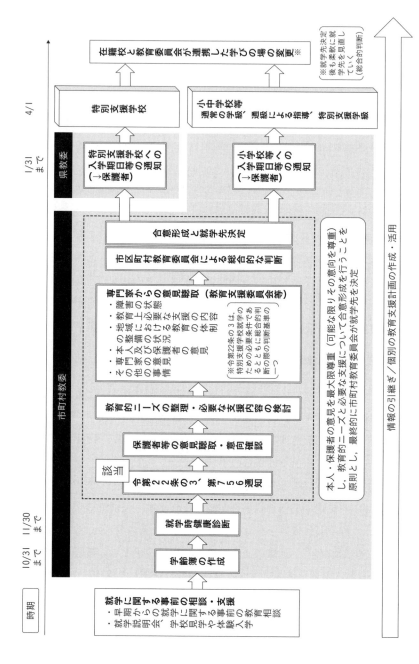

図 13-2　障害のある児童生徒の就学先決定の手続きの流れ

出所：文部科学省（2022a）。

大限尊重することです（図 13-2 の中央やや下部に相当します）。市町村教育委員会の教育支援委員会等での検討を踏まえつつ，本人・保護者の意向を尊重することとされています（学校教育法施行令第 18 条の 2）。このことは後述する中央教育審議会初等中等教育分科会報告（2012）でも強調されており，丁寧な合意形成によって，その子どもの就学先が決定されることになります。

　さらに，早期からの支援体制の構築が求められていることについても確認しましょう。前掲の通知においても，市町村教育委員会には，関係機関と連携を図りつつ，乳幼児期から学校卒業後までの一貫した教育相談体制の整備が求められ，いわゆる「切れ目ない支援体制」の構築が期待されています。そして，一貫した支援のために，障害のある児童生徒等の成長記録や指導内容等に関する情報を共有することも示されています。その支援のプロセスにおいて，決定された「学びの場」は，「固定したものではなく，それぞれの児童生徒の発達の程度，適応の状況等を勘案しながら，柔軟に転学ができることを，すべての関係者の共通理解とすること」ともされています（文部科学省，2013a）。

　このように，子どもの発達を個人の成長・発達の側面，環境に付随する側面の双方から判断することが期待されています。そのような判断や見直しの継続といった機能に注目すると，教育支援委員会等は，就学先決定のための判断を行うことのみをその役割とするのではなく，その後の，子どもの在籍校での学習状況などを丁寧に把握しつつ，フォローアップ機能や助言機能をあわせ有することも期待されると理解できます。

第 2 節　わが国におけるインクルーシブ教育システムの構築

(1) インクルーシブ教育システムの構築

　インクルーシブ教育は，あえて短く定義するならば，障害の有無にかかわらず，すべての子どもが可能な限り同じ環境で学べるようにする教育の理念と実践，といえます。一方で，現実的には，インクルーシブ教育，あるいは教育におけるインクルージョンを一律に定義することの困難さもあります。例えば石

田ら（2021）は，「インクルージョンには全世界で統一された制度的定義が存在しない。正確に言えば，統一した定義をすることができない」と指摘しています。これは，その国や地域による公教育の制度の変遷や定義，教育観のようなものによる違いを反映していると言うこともできます。また，いわゆるフル・インクルージョン[*2]からサポーティッド・インクルージョン[*3]（またはパーシャル・インクルージョン）まで，教育におけるインクルージョンでイメージされる状態像が関係者の間でも多様であることも指摘できます。これらの状態像の違いは，本章冒頭に示した，国連の障害者権利委員会の所見から浮き上がる，インクルーシブ教育についての認識の違いとしても現れています。

　では，わが国におけるインクルーシブ教育はどのように構想することができるのでしょうか。「共生社会の形成に向けたインクルーシブ教育システム構築のための特別支援教育の推進（報告）」では，「共生社会の形成に向けて，障害者の権利に関する条約に基づくインクルーシブ教育システムの理念が重要であり，その構築のため，特別支援教育を着実に進めていく必要があると考える」と記されています（中央教育審議会，2012）。ここから，特別支援教育とインクルーシブ教育との関係を示す考え方を見て取れます。すべての子どもが共に学ぶための思想と実践がインクルーシブ教育だとすれば，それは，特別支援教育のシステムを包含するようなものと解釈することができます。

　しかし，この解釈には若干の留保も必要です。わが国においてインクルーシブ教育の具体化をめざした取り組みの1つに，「インクルーシブ教育システム構築事業」があります。文部科学省初等中等教育局特別支援教育課（2015）では同事業の考え方や取り組みの方針が説明されていますが，そこでは，教育分野の重要課題として，「一人一人に応じた指導や支援（特別支援教育）に加え，障害のある者と障害のない者が可能な限り共に学ぶ仕組み（インクルーシブ教育システム）を構築すること」が示されています。ここでは特別支援教育とインクルー

＊2　フル・インクルージョン：障害等の属性や特性がある場合も含めて，すべての子どもが通常学校で学習することをめざす考え方のこと。
＊3　サポーティッド・インクルージョン：個々の子どもの障害等を考慮した上で，それぞれの子どもが可能な限り通常学校・学級で学習することをめざす考え方のこと（髙橋・松崎，2014）。

シブ教育システムが並列的に記述されています。「システム」の語の有無等，完全な対概念とはいえませんが，一方が他方を包含すると言い切れない概念未整理の問題が残されているといえます。

　同事業の概要としては，就学先決定に際して，個々の子どもの障害の状態等を踏まえた判断を行うにあたって，教育機関が医療・福祉等の関係機関との連携を推進すること，学校での合理的配慮の提供にあたって，具体的な取り組み事例を蓄積すること，小・中学校での専門的支援，とくに学校外の人材も活用した支援の体制づくりをめざすこと，学校看護師の配置などを含めた，学校における医療的ケアの取り組みを進めることなどが示され，それらの事例収集を通して，インクルーシブ教育システムの構築を推進すること，とされています。

(2)　インクルーシブ教育システムの展開

　わが国におけるインクルーシブ教育の推進において，とくに重視されている事柄として，合理的配慮，基礎的環境整備，個別の教育支援計画の作成と活用などをあげることができます。

　合理的配慮は，障害や特別なニーズのある人に対して提供されるべき支援や配慮の内容やその提供の仕組みをさす言葉で，障害者の権利に関する条約でも，その提供が必須であることが明記されています。わが国の学校教育では，「特別支援教育の在り方に関する特別委員会」による，次の定義 (中央教育審議会，2012)がよく参照されます。

> 　障害のある子どもが，他の子どもと平等に「教育を受ける権利」を享有・行使することを確保するために，学校の設置者及び学校が必要かつ適当な変更・調整を行うことであり，障害のある子どもに対し，その状況に応じて，学校教育を受ける場合に個別に必要とされるもの。
> 　学校の設置者及び学校に対して，体制面，財政面において，均衡を失した又は過度の負担を課さないもの。

　基礎的環境整備は，同委員会の報告において「障害のある子どもに対する支援については，法令に基づき又は財政措置により，国は全国規模で，都道府県は各都道府県内で，市町村は各市町村内で，教育環境の整備をそれぞれ行う」

ものとされています（中央教育審議会，2012）。これが合理的配慮の基礎となるという意味で「基礎的環境整備」と呼ばれます。

　合理的配慮は，学校現場において，それぞれの子どもの状況に応じて，個別に提供されるものですが，基礎的環境整備は，国や自治体規模での取り組みといえ，特別支援学校や特別支援学級の設置もこれに含めることができます。それぞれの自治体等の財政状況などに鑑みると，社会的な環境や気運なども考慮しながらその充実を図っていくことになります。

　個別の教育支援計画は，教育，医療，福祉，労働等の関係機関による連携・協力のもとで，障害のある当事者の生涯にわたる継続的な支援と，それぞれの年代における幼児児童生徒の望ましい成長を促すために作成される個別の支援計画のうち，教育機関が中心となって作成するものをさしています[*4]（様式例は脚注のQRコードを参照してください）。

　障害者基本計画（第四次，平成30〜34年度／第五次，令和5〜9年度）においても，「障害のある幼児児童生徒の自立と社会参加に向けた主体的な取組を支援するという視点に立ち，基礎的環境の整備を進めつつ，個別の指導計画や個別の教育支援計画の活用を通じて，幼稚園，小・中学校，高等学校，特別支援学校等（以下「全ての学校」という。）に在籍する障害のある幼児児童生徒が合理的配慮の提供を受けながら，適切な指導や必要な支援を受けられるようにする」ことによって，インクルーシブ教育システムを推進することが謳われています（内閣府，n. d.）。

(3)　障害者の権利に関する条約と関連する国内システム

　わが国におけるインクルーシブ教育の展開を，障害者の権利に関する条約との関連でみてみましょう。同条約は，2006年に国連総会で採択され，2008年に条約としての要件が整い発効しています。わが国では，関連する国内法の整備などが進められ，2014年に同条約が批准されています。法整備の代表的なもの

＊4　文部科学省「個別の教育支援計画の参考様式について」

＊4

表 13-1　障害者の権利に関する条約と関連の深い法令の例

法令・通知名等	主な整備内容
障害者基本法の一部改正（2011 年）	「全ての国民が，障害の有無にかかわらず，等しく基本的人権を享有するかけがえのない個人として尊重されるものであるとの理念にのっとり，全ての国民が，障害の有無によつて分け隔てられることなく，相互に人格と個性を尊重し合いながら共生する社会を実現する」ことなどが明記された注1）。
障害者差別解消法（2013 年公布，2016 年施行）	「障害を理由とする差別の解消を推進し，もつて全ての国民が，障害の有無によつて分け隔てられることなく，相互に人格と個性を尊重し合いながら共生する社会の実現に資すること」（第一条），「行政機関等及び事業者は，社会的障壁の除去の実施についての必要かつ合理的な配慮を的確に行う」ことが求められた注2）。
学校教育法施行令の一部改正について（通知）（2013 年）	障害のある子どもが特別支援学校に入学するという前提を見直し，「障害の状態，本人の教育的ニーズ，本人・保護者の意見，教育学，医学，心理学等専門的見地からの意見，学校や地域の状況等を踏まえた総合的な観点から就学先を決定する仕組みとすること」が求められるようになった注3）。

注1）障害者基本法の一部を改正する法律（平成二十三年法律第九十号）　https://www8.cao.go.jp/shougai/suishin/kihonhou/pdf/houritsuan.pdf（2023 年 2 月 8 日最終閲覧）
注2）障害を理由とする差別の解消の推進に関する法律（平成二十五年法律第六十五号）　https://www8.cao.go.jp/shougai/suishin/law_h25-65.html（2022 年 12 月 9 日最終閲覧）
注3）文部科学省（2013b）

を表 13-1 に掲げました。

　ところで，障害者の権利に関する条約において，教育に関する条項は第 24 条に示されています。その中では，あらゆる段階においてインクルーシブ教育システムを確保する（ensure an inclusive education system at all levels）こと，合理的配慮を提供することなどが求められています。第 2 項の（a）では「障害者が障害に基づいて一般的な教育制度から排除されないこと及び障害のある児童が障害に基づいて無償のかつ義務的な初等教育から又は中等教育から排除されないこと」（外務省訳）とも示されています。日本政府としては，「条約第 24 条に規定する『general education system（教育制度一般）』の内容については，各国の教育行政により提供される公教育であること，また，特別支援学校等での教育も含まれるとの認識が条約の交渉過程において共有されていると理解している。したがって，『general education system』には特別支援学校が含まれると解される」としています（中央教育審議会，2010）。本章冒頭に示した，インクルーシブ教育に関わる総括所見（とそれに対する国内の反応）は，この「一般的な教育

———————————

＊5　なお，「教育制度一般」は general education system について署名時仮訳で使用された訳語。

制度（general education system）」に特別支援学校など，障害のある子どものみを想定した学習環境が含まれるかどうかの解釈の違いとも関連しているといえます。

▌第3節　子どもの多様性に応じた教育への展開

（1）　学習者やそのニーズの多様性

インクルーシブ教育は，その展開の経緯から，障害のある子どもがクローズアップされがちですが，それだけでなく，様々なニーズのある子ども，様々な制約を有しながら学習する子どもについても考える必要があります。例えば，貧困や養育環境の不適切さなど，社会経済的困難の影響を受けている子ども，日本以外にルーツがあり，日本語以外の母語を有する等，言語的マイノリティとされる子ども，何らかの理由により学校で学べていない，いわゆる長期欠席，不登校傾向の子ども，非行歴等があり，社会的なつながりを十分に持つことのできていない子どもなどが例としてあげられます。

公教育は様々な子どもが共に学ぶことを前提として制度設計されていますが，とくにわが国の場合，義務教育はもちろん，高等学校段階の就学率も極めて高いことから，社会的ネットワークの担い手としての学校の機能も期待されているといえます。そのため，学校教育が，授業をする教員だけでなく様々な職種の専門家の協働によるチームとして展開するという趣旨から，中央教育審議会答申「チームとしての学校の在り方と今後の改善方策について（答申）」が示されました（中央教育審議会, 2019）。答申の中では，「多様な専門性や経験を有する専門スタッフ等が学校の教育活動に参画すること」などが提起され，スクールカウンセラーやスクールソーシャルワーカー，ICT支援員，特別支援教育支援員，医療的ケアを行う看護師，言語聴覚士，作業療法士，理学療法士などの活用が提示されています。

加えて，その「チームとしての学校」が医療機関や福祉，保健機関，ときには警察等の機関と組織的な連携を図ったり，家庭や地域との連携を深めたりす

ることも強調されています。それらの取り組みを通して，複雑化，多様化する学校教育の課題の解決と，子どもにとって安心して学ぶことのできる環境の構築をめざしているといえます。

(2)　授業づくりや学習環境づくりの展望

　教室の中での実践にも目を向けてみましょう。学校の教員には，学習指導要領に即した学習・教育計画に基づいた授業の展開，学級経営等が求められます。それと同時に，インクルーシブ教育をめざすという観点からは，そのような授業展開等を進めつつ，障害や病気のある子ども，多様な困難を抱える子どもが共に学ぶための柔軟な配慮も求められます。様々な取り組みが考えられますが，ここでは，「交流及び共同学習」と「学びのユニバーサル・デザイン」に基づいた授業づくりに注目します。

　「交流及び共同学習」は，共生社会の実現をめざす中で，小・中学校等と特別支援学校等とで障害のある子どもとない子どもが共に活動するものです。特別支援学校を含め，幼稚園（段階）から高等学校（段階）までそれぞれの段階の教育要領，学習指導要領においても，その積極的な推進が求められています。実施形態や内容は様々ですが，例としては，「特別支援学校と小・中学校等が，学校行事やクラブ活動，部活動，自然体験活動，ボランティア活動などを合同で行ったり，文通や作品の交換，コンピュータや情報通信ネットワークを活用してコミュニケーションを深めたりすることなど」があげられています（文部科学省，2019）。また，交流及び共同学習では，交流の側面だけでなく，共同学習の側面にも注目する必要があります。単発的な交流やその場限りの活動のみで完結するのではなく，継続的な学習活動として組織することも重要です。また，学習活動に即したインクルーシブ教育の推進を意識する上でも，交流及び共同学習の活用と充実が期待されています（岡本・村山，2023）。

　「学びのユニバーサル・デザイン（Universal Design for Learning：UDL）」は，とくにアメリカにおいて学習に困難を有する子ども，例えばディスレクシアの学習者への通常の学級での対応が求められるようになってきたこと，文化，言語的に異なる背景の子どもで，英語以外の言語を母語とする学習者も，学校教育

において包摂する上で課題が増大してきたことなどを念頭に，理論的，実践的展開がみられるものです。CAST による学びのユニバーサル・デザインのガイ^{*6}ドライン（UDL Guideline ver. 2.2）では表象，提示の仕方が多様であること，行為，表現の仕方が多様であること，参加の仕方が多様であることが特徴として示されています（CAST, 2018）。UDLはあくまで一例ですが，インクルーシブ教育を展開する上で参照可能な実践方略といえます。

(3)　教師の専門性と校内支援体制

インクルーシブ教育の実践，展開においては，教師にどのような専門性が求められているのでしょうか。「新しい時代の特別支援教育の在り方に関する有識者会議報告」（2021 年）の中では，特別支援教育を担うすべての教師に求められる専門性として，「障害の特性等に関する理解と指導方法を工夫できる力や，個別の教育支援計画・個別の指導計画」などの知識があげられ，障害の「『社会モデル』の考え方を踏まえ，（中略）本人自ら合理的配慮を意思表明できるように促していくような経験や態度の育成が求められる」とされています（文部科学省，2021）。同報告では，インクルーシブ教育を担う教師の専門性として直接言及されているわけではありませんが，インクルーシブ教育を担う実践者の専門性を考える上で重要な手がかりになるでしょう。

そして，支援が必要な子どもがいるクラスの課題に対しては，授業者が一人で解決しようとせず，校内の様々なスタッフが子どものニーズに対応し，指導・支援を進めていくことが重要です。学校内で様々な調整を担う特別支援教育コーディネーターの役割にも注目すべきでしょう。特別支援教育コーディネーターは，学校内外の関係者や外部の関係機関，専門機関との連絡調整や，保護者に対する相談窓口，担任への支援，校内委員会の運営や推進といった役割を担う分掌として位置づけられており，学校長によって指名されます。学校種を問わず，すべての学校で充実した校内支援体制が構築されるために，校内研修を進めるなどの役割を果たしている点でも重要です。

＊6　CAST：教育におけるアクセシビリティなどにフォーカスを当てているアメリカの教育研究開発
　　　組織（Center for Applied Special Technology）のこと。

第 4 節　今後の展望と課題

　インクルーシブ教育は，障害のある子どもの教育についてだけではなく，いわゆる通常の学級を含めたすべての学校，すべての学級でめざされるべきものです。その点で，インクルーシブ教育は，学校教育そのものの改革，共生社会のあり方そのものを問う視点を提示しているともいえます。たしかに，わが国におけるインクルーシブ教育の実現は，理論と実践のいずれの面においても難題です。その難しさの一端を，「特別支援学級及び通級による指導の適切な運用について（通知)」にみることができます（文部科学省，2022b）。同通知では，「特別支援学級に在籍している児童生徒については，原則として週の授業時数の半分以上を目安として特別支援学級において児童生徒の一人一人の障害の状態や特性及び心身の発達の段階等に応じた授業を行うこと」と示されました。支援の必要な子どもの，個々の発達の状態に応じた指導・支援を充実させることと，すべての子どもがインクルーシブな環境で学ぶ機会と学習の質を充実させることはどのように両立できるのか。その問いの延長上には，学校における学びの本質そのものへの問いと，子どもの個々の能力や学力の本質への問いとが含まれるといえるでしょう。

【文　献】

CAST（2018). Universal Design for Learning Guidelines version 2.2.　http://udlguidelines.cast.org（2022 年 12 月 14 日閲覧）
中央教育審議会（2010).　参考資料 2：General Education System（教育制度一般）の解釈について　https://www.mext.go.jp/b_menu/shingi/chukyo/chukyo3/044/attach/1298960.htm（2022 年 12 月 5 日閲覧）
中央教育審議会（2012).　共生社会の形成に向けたインクルーシブ教育システム構築のための特別支援教育の推進（報告）　https://www.mext.go.jp/b_menu/shingi/chukyo/chukyo3/044/attach/1321669.htm（2023 年 1 月 11 日閲覧）
中央教育審議会（2019).　チームとしての学校の在り方と今後の改善方策について（答申）　https://www.mext.go.jp/b_menu/shingi/chukyo/chukyo0/toushin/__icsFiles/afieldfile/2016/02/05/1365657_00.pdf（2022 年 11 月 9 日閲覧）
石田祥代・是永かな子・眞城知己（編）（2021).　インクルーシブな学校を作る：北欧の研究と実践に学びながら　ミネルヴァ書房
文部科学省（2007).　特別支援教育の推進について（通知）（19 文科初第 125 号）　https://www.mext.go.jp/b_menu/hakusho/nc/07/050101/001.pdf　（2022 年 12 月 19 日閲覧）

文部科学省（2013a）．障害のある児童生徒等に対する早期からの一貫した支援について（通知）（25文科初第756号）　https://www.mext.go.jp/a_menu/shotou/tokubetu/material/1340331.htm（2023年1月23日閲覧）

文部科学省（2013b）．学校教育法施行令の一部改正について（通知）（25文科初第655号）　https://www.mext.go.jp/a_menu/shotou/tokubetu/material/1339311.htm（2022年12月9日最終閲覧）

文部科学省（2019）．交流及び共同学習ガイド　https://www.mext.go.jp/a_menu/shotou/tokubetu/__icsFiles/afieldfile/2019/04/11/1413898_01.pdf（2022年10月20日閲覧）

文部科学省（2021）．新しい時代の特別支援教育の在り方に関する有識者会議（報告）　https://www.mext.go.jp/content/20210208-mxt_tokubetu02-000012615_2.pdf（2022年11月14日閲覧）

文部科学省（2022a）．障害のある子供の教育支援の手引：子供たち一人一人の教育的ニーズを踏まえた学びの充実に向けて　参考資料（「障害のある子供の教育支援の手引」関係）https://www.mext.go.jp/content/20210701-mxt_tokubetu01-000016487_04.pdf（2023年10月26日閲覧）

文部科学省（2022b）．特別支援学級及び通級による指導の適切な運用について（通知）（4文科初第375号）　https://www.mext.go.jp/content/20220428-mxt_tokubetu01-100002908_1.pdf（2023年10月26日閲覧）

文部科学省初等中等教育局特別支援教育課（2015）．インクルーシブ教育システム構築事業　https://www.mext.go.jp/component/a_menu/other/detail/__icsFiles/afieldfile/2015/06/16/1358945_02.pdf（2022年11月20日閲覧）

内閣府（n. d.）．障害者施策の総合的な推進：基本的枠組み　https://www8.cao.go.jp/shougai/suishin/wakugumi.html（2023年3月26日閲覧）

岡本綾子・村山　拓（2023）．「交流及び共同学習」に対する教員の意識に関する研究の動向　東京学芸大学紀要　総合教育科学系, *74*, 175-185.

Reynolds, M. C.（1962）. A framework for considering some issues in special education. *Exceptional Children*, *28*（7）, 367-370.

髙橋純一・松﨑博文（2014）．障害児教育におけるインクルーシブ教育への変遷と課題　人間発達文化学類論集, 19, 13-26.

United Nations（2022）. Conventions on the Rights of Persons with Disabilities, Concluding observations on the initial report of Japan.　https://tbinternet.ohchr.org/_layouts/15/treatybodyexternal/Download.aspx?symbolno=CRPD/C/JPN/CO/1（2022年12月29日閲覧）

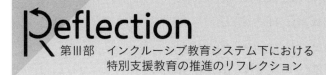

Reflection

第Ⅲ部　インクルーシブ教育システム下における
特別支援教育の推進のリフレクション

WORK　グループワークしよう！

　第Ⅲ部では，インクルーシブ教育の国際動向と，わが国のインクルーシブ教育システムについて学習しました。国際動向を踏まえて，日本のインクルーシブ教育システムの特徴を整理しましょう。

 POINT

・ 諸外国の制度と比較することを通して，日本のインクルーシブ教育システムの特徴を整理することができます。諸外国の最新動向について取り上げている以下の資料等を参考にしてください。

　　参考資料：国立特別支援教育総合研究所「諸外国の最新動向の把握と国際交流」▶▶▶

・ 特別支援教育の対象となる子どもの実態や，特別支援教育の学びの場に注目して整理してみましょう。

 Work の取扱い方（例）

　　講義の途中あるいは最後に 4 〜 5 名程度のグループを構成し，30 分程度の時間を設け，グループワークによりわが国のインクルーシブ教育システムの特徴を整理します。その後，グループワークの成果を全体で共有します（約 20 分）。

column 4

教員を目指す学生の皆さんへのメッセージ

**教員養成段階において「世界の
教育システム」を学ぶことの意義とは**

大学教員
河合 康

日本における障害のある子どもの教育は長年，外国からの影響を強く受けてきました。ここ30年でいえば，1992年に出された「通級による指導に関する充実方策について（審議のまとめ）」に基づいて1993年に制度化された「通級による指導」はアメリカのリソースルームを範としています。また，この「審議のまとめ」の後半で学習障害の問題が取り上げられたことで，発達障害への関心が高まっていったのです。

そのような中で，2001年に「特殊教育」から「特別支援教育」への転換の契機となる「21世紀の特殊教育の在り方について（最終報告）」が出されました。この報告の副題は「一人一人のニーズに応じた特別な支援の在り方について」となっていますが，ここにも外国からの影響が読み取れます。

「一人一人」という用語はアメリカからの影響であり，具体的には1975年に制定された「全障害児教育法」で規定された「個別教育計画（IEP: individualized Education Program）」の作成によります。その後，日本ではIEPをタイトルに付した文献が盛んにみられるようになりました。ところが現在では，このIEPという用語はほとんど見聞きしなくなりました。この理由は，当初，アメリカのIEPを追随してきた日本が，一人一人に応じた指導のための独自のツールである「個別の指導計画」や「個別の教育支援計画」を定着させ，学習指導要領等にも明示されるようになったことがあげられます。

また，「ニーズ」という用語は1978年にイギリスで出された「ウォーノック報告」で用いられた「特別な教育的ニーズ（Special Educational Needs）」という用語の影響を受けています。「ウォーノック報告」では障害種別のカテゴリーを撤廃し，子どもそれぞれの「特別な教育的ニーズ」をきちんと把握して教育する必要性を提唱しています。このように，日本の特別支援教育は世界からの情報を参考にしながら進展してきました。もちろん，社会的背景等が異なるため，外国のシステムをそのまま日本に導入することには慎重であるべきです。しかし，これまでの例にもみられるように，世界からの情報を積極的に入手し，日本の教育制度に合致する仕組みを考える姿勢を常に持つ必要があるでしょう。

《監修者紹介》

安藤隆男（あんどう　たかお）

　編著者紹介参照。

《執筆者紹介》（執筆順，担当章／担当コラム）

吉井　涼（よしい　りょう）　第1章

　現　在　福山市立大学教育学部　准教授

　主　著　『日本障害児教育史【戦後編】』（共著）明石書店，2019年

門脇弘樹（かどわき　ひろき）　第2章

　現　在　山口学芸大学教育学部　准教授

　主　著　『新・教職課程演習第6巻　特別支援教育』（共著）協同出版，2022年

　　　　　『視覚障がい者の身体運動科学』（共著）市村出版，2023年

高野聡子（たかの　さとこ）　第3章

　現　在　東洋大学文学部　教授

　主　著　『川田貞治郎の「教育的治療学」の体系化とその教育的・保護的性格に関する研究』（単著）
　　　　　大空社，2013年

　　　　　『特別支援学校教諭になるには』（共編著）ぺりかん社，2020年

茂木成友（もてぎ　まさとも）　第4章

　現　在　東北福祉大学教育学部　講師

内海友加利（うつみ　ゆかり）　第5章，リフレクション

　現　在　東京学芸大学総合教育科学系　講師

　主　著　『よくわかる肢体不自由教育（第2版）』（共著），ミネルヴァ書房，2023年

　　　　　『特別支援教育　共生社会の実現に向けて』（共著），ミネルヴァ書房，2018年

丹野傑史（たんの　たかひと）　第6章

　現　在　長野大学社会福祉学部　教授

　主　著　『特別支援教育基礎論』（共著）放送大学教育振興会，2020年

　　　　　『特別支援教育　共生社会の実現に向けて』（共著）ミネルヴァ書房，2018年

一木　薫（いちき　かおる）　第7章，第8章

　現　在　福岡教育大学教育学部　教授

　主　著　『重度・重複障害教育におけるカリキュラム評価』（単著）慶應義塾大学出版会，2020年

　　　　　『自立活動の理念と実践［改訂版］』（共編著）ジアース教育新社，2020年

池田彩乃（いけだ　あやの）　第9章

　現　在　山形大学地域教育文化学部　准教授

　主　著　『特別支援学校が目指すカリキュラム・マネジメント』（共著），ジアース教育新社，2022年

　　　　　『「自立活動の指導」のデザインと展開』（共著），ジアース教育新社，2019年

安藤隆男（あんどう　たかお）　第10章，第11章
編著者紹介参照。

山中冴子（やまなか　さえこ）　第12章
現　在　埼玉大学教育学部　准教授
主　著　『オーストラリアにおける障害のある生徒のトランジション支援』（単著）学文社，2014年

村山　拓（むらやま　たく）　第13章
現　在　東京学芸大学総合教育科学系　准教授
主　著　『学校という対話空間　その過去・現在・未来』（共著）北大路書房，2011年
　　　　『Manabi and Japanese Schooling: Beyond Learning in the Era of Globalization』（共著）
　　　　Routledge，2021年

河合　康（かわい　やすし）　コラム1，コラム4
現　在　上越教育大学　教授
主　著　『よくわかる特別支援教育と障害児の心理・行動特性』（共編著）北樹出版，2018年
　　　　『特別支援教育』（共編著）福村出版，2019年

佐藤貴宣（さとう　たかのり）　コラム2
現　在　高知大学教育学部　助教
主　著　『特別支援学校学習指導要領・授業アシスト　心身の調和的発達の基盤を培う自立活動』（共著）明治図書，2022年
　　　　『よく分かる！自立活動実践ハンドブック3　指導をよりよいものへ』（共著）ジアース教育新社，2022年

植田佐知子（うえだ　さちこ）　コラム3
現　在　静岡市立長田東小学校　教諭
主　著　『肢体不自由児の感覚運動学習』（共著）　静岡県肢体不自由児協会，2010年
　　　　『Handbook of Research on Critical Issues in Special Education for School Rehabilitation Practices』（共著）　IGI Global Publisher of Timely Knowledge，2021年

《編著者紹介》

安藤隆男（あんどう　たかお）

　現　在　筑波大学名誉教授，国立特別支援教育総合研究所参与

　主　著　『よくわかる肢体不自由教育（第2版）』（編著）ミネルヴァ書房，2023年

　　　　　『新たな時代における自立活動の創成と展開』（単著）教育出版，2021年

特別支援教育をつなぐ　Connect & Connect ①

特別支援教育要論

2024年3月20日　初版第1刷発行

監 修 者	安　藤　隆　男	
編 著 者	安　藤　隆　男	
発 行 所	㈱北大路書房	

〒603-8303　京都市北区紫野十二坊町12-8
　　　　　　電話代表　　（075）431-0361
　　　　　　Ｆ Ａ Ｘ　　（075）431-9393
　　　　　　振替口座　　01050-4-2083

ⓒ 2024
本文デザイン／デザイン鱗
装丁／こゆるぎデザイン
印刷・製本／亜細亜印刷（株）
落丁・乱丁本はお取り替えいたします。
定価はカバーに表示してあります。

Printed in Japan
ISBN978-4-7628-3245-1